Holger Reibold

ADempiere kompakt

Alle Rechte vorbehalten. Ohne ausdrückliche, schriftliche Genehmigung des Verlags ist es nicht gestattet, das Buch oder Teile daraus in irgendeiner Form durch Fotokopien oder ein anderes Verfahren zu vervielfältigen oder zu verbreiten. Dasselbe gilt auch für das Recht der öffentlichen Wiedergabe.

Der Verlag macht darauf aufmerksam, dass die genannten Firmen- und Markennamen sowie Produktbezeichnungen in der Regel marken-, patent- oder warenrechtlichem Schutz unterliegen.

Verlag und Autor übernehmen keine Gewähr für die Funktionsfähigkeit beschriebener Verfahren und Standards.

© 2010 bomots verlag

Herausgeber: Dr. Holger Reibold

Umschlaggestaltung: bomots verlag

Satz: bomots verlag

Coverbild: Photocase/Johannes Ritter

Druck: COD

ISBN: 978-3-939316-64-0

Inhaltsverzeichnis

Vorwort 7
1 ADempiere – der Einstieg 9
    1.1 ADempiere-Basics 11
    1.2 Der Vorläufer Compiere und seine Projektabspaltungen 13
    1.3 Installation 13
        1.3.1 Installation unter Linux 14
        1.3.2 Installation unter Windows 23
    1.4 ADempiere spricht Deutsch 26
    1.5 Deutsches Sprachpaket installieren 31
2 ADempiere kennenlernen 37
    2.1 Systemeinstellungen 38
    2.2 Mandantenkonfiguration 43
    2.3 Ordnung schaffen 46
    2.4 Die wichtigsten Icons im Überblick 48
    2.5 Rollen und Benutzer 52
    2.6 Anpassung der Grundkonfiguration 57
3 Geschäftspartner 63
    3.1 Das Einrichten eines Geschäftspartners 65
        3.1.1 Geschäftspartnergruppe 66
        3.1.2 Anrede für Ihre Geschäftspartner 69
        3.1.3 Zahlungskonditionen 70
        3.1.4 Sammelrechnung 71
        3.1.5 Steuern 73
        3.1.6 Integriertes Mahnungssystem 74

Inhaltsverzeichnis

- 3.1.7 Umsatzrealisierung 75
- 3.1.8 Import der Geschäftspartner 77
- 3.1.9 Geschäftspartner 77
- 3.1.10 Beziehungen zwischen Geschäftspartnern 88
- 3.1.11 Informationen über Geschäftspartner 90
- 3.1.12 Vertreterinformationen 92
- 4 Produkte verwalten 95
  - 4.1 Produkte und Dienstleistungen 95
  - 4.2 Der Weg zum ersten Produkt 97
    - 4.2.1 Lager erstellen 98
    - 4.2.2 Mengeneinheiten 101
    - 4.2.3 Produktkategorien erstellen 104
    - 4.2.4 Steuerkategorie 105
    - 4.2.5 Produkt erstellen 106
  - 4.3 Anlagen und Posten verwalten 117
    - 4.3.1 Postengruppe erzeugen 118
    - 4.3.2 Versand eines Postens 119
    - 4.3.3 Produktmerkmale 121
- 5 Preise und Steuern 129
  - 5.1 Preise und Preislisten 129
  - 5.2 Steuern anlegen und zuweisen 134
- 6 Umgang mit Bestellungen 141
  - 6.1 Bedarf erstellen 142
  - 6.2 Bestellung anlegen 144
  - 6.3 Wareneingang verbuchen 152
  - 6.4 Rechnung für Lieferanten 157
  - 6.5 Stapelverarbeitung von Rechnungen 164
  - 6.6 Wareneingangsbestätigung 166

6.7	Rücksendungen	168
6.8	Ausschreibung	171
7	Materialmanagement	177
7.1	Inventur	178
7.2	Eigenverbrauch	180
7.3	Warenbewegungen	181
7.4	Produktion	184
7.5	Nachbestellungen	185
8	Verkäufe verwalten	189
8.1	Vertrieb einrichten	191
8.2	Auftrag erstellen	195
8.3	Angebote umwandeln	198
8.4	Lieferungen anlegen und ausführen	199
8.5	Rechnungen erstellen	201
8.6	Vertrieb und Distribution	203
9	Zahlungen	207
9.1	Bank anlegen	208
9.2	Kassenbuch	213
9.3	Zahlungseingänge verbuchen	215
9.4	Zahlungserinnerungen und Mahnungen	217
10	Abrechnungsschema und Kostenrechnung	221
10.1	Abrechnungsschema	221
10.2	Kostenrechnung	226
11	Berichte und Informationen	229
11.1	Berichte anpassen	231
11.2	Druckgestaltung	236
11.3	Finanzbericht	236
12	Umgang mit Anfragen	239

13	Weitere Dienste und Hilfsmittel	247
13.1	Projektverwaltung	247
13.2	Import/Export	253
13.3	Webshop	257
13.4	Archiv	258
14	Alles eine Frage der Sicherheit	261
14.1	Rollen	261
14.2	Rollenbasierter Datenzugriff	265
14.3	ADempiere-Benutzer	267
14.4	Rollen-Update und mehr	268
Anhang A – Libero, die Lohn-und Gehaltsabrechnung		271
Anhang A – More Info		273
Index		275

Vorwort

Mein erster Kontakt mit Compiere und seinem Fork ADempiere liegt inzwischen einige Jahre zurück. Damals suchte ich für einen Kunden eine freie Lösung, mit der er seine unternehmensinternen Abläufe und auch die Kommunikation mit unterschiedlichsten Geschäftspartnern abbilden konnte. Das Ziel: Die Unternehmensabläufe sowie die interne und externe Kommunikation zu optimieren.

Zu meinem Erstaunen stellte ich fest, dass es mehr Lösungen gab, als ich erwartet hatte. Nach sorgfältiger Recherche und ausgiebigen Vergleichen entschied ich mich für ADempiere. Neben seiner umfassenden Ausstattung sprachen viele Implementierungen und ein vergleichsweise hoher Reifegrad für dieses System.

Die anfängliche Euphorie verflog schnell. Das System war unvollständig und miserabel dokumentiert, kompetente Hilfe fast nur gegen Bares zu finden. Das kannte ich in der Form nicht von anderen freien Projekten – im Gegenteil. Schnell musste ich lernen, dass sich ADempiere in der Praxis wie ein Kreuzfahrtschiff verhält: voll gepackt mit Funktionen, gleichzeitig aber schwer zu lenken.

Seither habe ich sicherlich Hunderte Stunden in den Umgang mit ADempiere gesteckt. In der Zwischenzeit konnte ich einige erfolgreiche Implementierungen in Unternehmen realisieren. Aus diesen Erfahrungen heraus ist dieses Buch entstanden.

Wenn Sie mit ähnlich hohen Erwartungen an ADempiere herangehen, möchte ich Sie ein wenig bremsen. ADempiere ist komplex und verlangt Ihnen einiges an Einarbeitung ab. Versuchen Sie nicht zu Beginn, Ihr Unternehmen und die Abläufe und Gegebenheiten mit ADempiere abzubilden. Arbeiten Sie stattdessen mit den Beispieldaten, die Sie bei der ADempiere-Installation einrichten, passen Sie diese Schritt für Schritt an und nehmen Sie die notwendigen Ergänzungen vor.

Mit der Zeit bekommen Sie ein Gefühl für das System. Erst dann sollten Sie den nächsten Schritt wagen und Ihre Umgebung mit ADempiere abbilden. Erst im dritten Schritt empfehle ich dann die Einführung im Unternehmen.

Ich hoffe, dass dieses Handbuch Ihnen auf dem Weg dahin eine wertvolle Hilfe ist!

Herzlichst,

Dr. Holger Reibold

(März 2010)

1 ADempiere – der Einstieg

Kunden und die Beziehungen zu diesen sind das A und das O für ein Unternehmen. Nur wenn Sie es schaffen, eine Kommunikation zu diesen aufzubauen, die insbesondere dem Kunden einen Nutzen bringt, wird es Ihnen gelingen, sich erfolgreich auf Ihrem Markt zu positionieren.

Marketingspezialisten sprechen in diesem Zusammenhang häufig von sogenanntem Beziehungsmarketing. Das Kundenbeziehungsmanagement oder die Kundenpflege (engl. Customer Relationship Management, kurz CRM) beschreibt dabei die Dokumentation und Verwaltung von Kundenbeziehungen. CRM ist somit ein wichtiger Baustein für das Beziehungsmarketing. Da Sie Ihre Kundenbeziehungen langfristig ausrichten sollten, ist es ratsam, alle kundenspezifischen Unternehmensaktivitäten aufzuzeichnen. Warum aber ist die Kundenbindung so wichtig für Ihren Unternehmens- und Marketingerfolg? Der Hauptgrund ist sicherlich, dass die Gewinnung von Neukunden um ein Vielfaches teuer ist als die Kundenbindung.

Genau an diesem Punkt setzen CRM-Tools an. Mithilfe von CRM-Systemen verwalten und sammeln Sie sämtliche Daten von Kunden und alle Transaktionen mit diesen Kunden in einer zentralen Datenbank. Diese Daten werden integriert und aufbereitet, sodass sie im Unternehmen an jeder Stelle in der passenden Zusammenstellung zur Verfügung stehen.

Das Ziel von CRM und CRM-Lösungen ist die Unterstützung der Kommunikation mit dem Kunden mit verlässlichen Zahlen, Daten und Fakten, um die Aufmerksamkeit auf Beziehungen mit einem hohen Kundenwert zu konzentrieren. CRM kann Ihnen auch helfen, Schwachstellen im Dialog mit dem Kunden zu erkennen und zu schließen.

Sie können CRM als einen ganzheitlichen Ansatz zur Unternehmensführung verstehen. Er integriert und optimiert alle kundenbezogenen Prozesse in Marketing, Vertrieb, Kundendienst sowie Forschung & Entwicklung – und zwar über Abteilungen und Standorte hinweg. Das Ziel: die Schaffung von Mehrwerten auf Kunden- und Lieferantenseite im Rahmen von Geschäftsbeziehungen.

CRM lässt sich hervorragend mit sogenannten Enterprise-Resource-Planning-Funktionen, kurz ERP, kombinieren. ERP, was zu Deutsch so viel wie die Planung des Einsatzes/der Verwendung der Unternehmensressourcen heißt, bezeichnet die unternehmerische Aufgabe, die in einem Unternehmen vorhandenen Ressourcen (Kapital, Betriebsmittel oder Personal) möglichst effizient für den betrieblichen Ablauf einzusetzen. Typische Funktionen einer ERP-Lösung sind die folgenden:

- Materialwirtschaft (Beschaffung, Lagerhaltung, Disposition, Bewertung)
- Produktion
- Finanz- und Rechnungswesen
- Controlling
- Personalwirtschaft
- Forschung und Entwicklung
- Verkauf und Marketing
- Stammdatenverwaltung

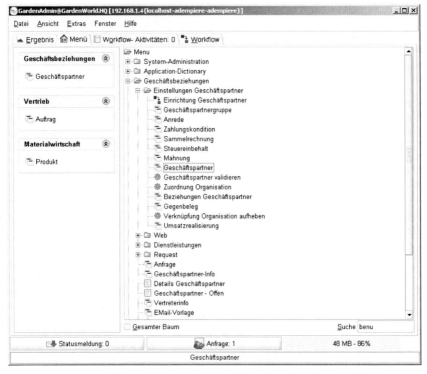

Ein erster Blick auf die ADempiere-Schnittstelle. Hier ein Blick auf die Funktionen des Bereichs *Geschäftsbeziehungen*.

Inzwischen gibt es gerade auch aus dem Open-Source-Bereich eine Vielzahl von Spezialisten, die insbesondere CRM-Funktionen anbieten. Die bekanntesten sind sicherlich Compiere (*http://www.compiere.org*) mit seinen Forks ADempiere (*http://www.adempiere.com*) und Openbravo (*http://www.openbravo.com*) sowie vtiger (*http://www.vtiger-deutschland.de*). Die Kombination aus CRM- und ERP-Funktionen haben allerdings in der Form nur Compiere und seine Ableger zu bieten.

1.1 ADempiere-Basics

ADempiere dürfte nicht nur einer der leistungsfähigsten CRM-Spezialisten sein, sondern auch zu den am häufigsten eingesetzten freien Unternehmenslösungen gehören. Es handelt sich dabei um eine freie Enterprise-Resource-Planning- und Customer-Relationship-Management-Software.

ADempiere beinhaltet Module für folgende Unternehmensbereiche:

- Einkauf
- Verkauf
- Lagerverwaltung
- Finanzbuchhaltung
- Marketing
- Projektmanagement
- Content-Management-System
- Supply-Chain-Management
- Workflow-Management
- E-Mail-Integration
- Aufgabenverfolgung

Alle Datensätze in ADempiere können auf externe Dokumente verweisen.

Das System ist so ausgelegt, dass es ohne größeren Aufwand an spezifische Anforderungen angepasst werden kann. Weitere Besonderheiten des Systems sind die Mehrsprachigkeit, die Unterstützung von mehreren Währungen und die Mandantenfähigkeit.

Es gibt weitere Funktionen, die ADempiere zu etwas Besonderem machen. Bei dieser Lösung werden alle Geschäftspartner in einer Datenstruktur gespeichert. Auf die klassische Unterscheidung und separate Speicherung von Lieferanten, Kunden, Interessenten und Marketingadressen wurde verzichtet. Der Vorteil: Das Kundenwurde durch ein Geschäftspartnermanagement ersetzt. Klassische CRM-Systeme fokussieren nur den Kunden. Für ein Unternehmen ist die Funktionalität aber für Kunden, Lieferanten und Interessenten essenziell. Wegen dieser erweiterten Funktionalität müsste man das CRM-Modul von ADempiere eigentlich Geschäftspartnermanagement nennen.

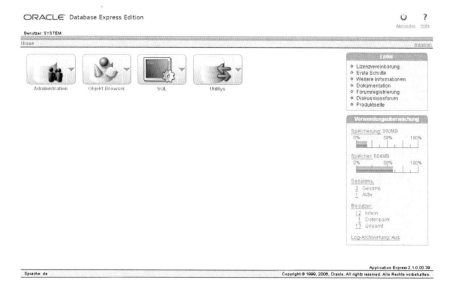

ADempiere setzt eine Oracle-Datenbank voraus. Kleinere Unternehmen kommen sicherlich mit der freien Variante Oracle Express Edition 10g aus.

Das einzige Manko von ADempiere ist die mangelhafte Datenbankunterstützung. Nach wie vor werden nur Oracle und PostgreSQL unterstützt. Zwar gab es bereits Bemühungen, ADempiere auch auf anderen Datenbanksystemen lauffähig zu machen. Doch ist bis heute daraus nicht geworden.

ADempiere kann momentan auf verschiedenen Oracle-Datenbanksystemen eingesetzt werden. Die bereits erwähnte Version Oracle XE ist frei verfügbar und dürfte für viele Installationen genügen. Wenn Sie allerdings ein Datenvolumen von mehr als 4 GB zu verarbeiten haben oder mehr als eine CPU nutzen wollen, müssen Sie zu den kommerziellen Versionen Standard und Enterprise wechseln.

1.2 Der Vorläufer Compiere und seine Projektabspaltungen

Gerade die Datenbankproblematik hat in der Vergangenheit immer wieder dafür gesorgt, dass sich Forks gebildet haben, die sich um eine Unterstützung von freien Datenbanken wie MySQL und PostgreSQL bemüht haben.

Das Projekt, das bislang die meisten Fortschritte erzielen konnte, ist ADempiere. Bei diesem Fork sind die Datenbank PostgreSQL, Oracle und Oracle XE einsetzbar. Als neue Module wurden Manufacturing (Libero), ein PoS (Posterita), Webservice (SOAP) sowie ein optionaler Webclient hinzugefügt, und es wird an einen Technologiewechsel gedacht. Besonderen Wert legt das Projekt auf die Einbindung der Community in den Entwicklungsprozess, was zugleich auch der wichtigste Abspaltungsgrund war. Ein weiterer sehr interessanter Fork ist Openbravo, das wahlweise mit PostgreSQL oder Oracle betrieben werden kann. Im Gegensatz zu Compiere läuft der Client ausschließlich im Webbrowser.

1.3 Installation

Bevor Sie sich der eigentlichen Installation widmen, müssen Sie auf dem Serversystem für gewisse Rahmenbedingungen sorgen. Zunächst muss die Oracle-Datenbank installiert sein. Auf der Oracle-Website finden Sie hierfür eine ausführliche Beschreibung.

Bevor Sie sich an die Installation von ADempiere machen, müssen Sie Ihr System auf gewisse Systemvoraussetzungen überprüfen. Es sollte folgende Voraussetzungen mitbringen:

- mindestens 5 GB Speicherplatz inklusive der Datenbank
- 1 GB Swap-Bereich oder mehr
- Hardware-RAID 10
- 1 GB Arbeitsspeicher oder mehr
- TCP/IP-Netzwerkverbindung
- Webbrowser mit JavaScript-Unterstützung

Wenn Sie ADempiere unter Linux betreiben wollen, benötigen Sie außerdem die Linux-Pakete glibc 2.3.2 und libaio 0.3.96.

Der gesamte Installationsvorgang lässt sich durch fünf Schritte beschreiben:

1. Installation der Datenbank
2. Installation der Java-Komponenten
3. Download des aktuellen ADempiere-Pakets
4. Ausführung des ADempiere-Setup-Skripts
5. Abschluss der Installation

1.3.1 Installation unter Linux

Schauen wir uns im Schnelldurchlauf die einzelnen Schritte an. Nach dem Download der Oracle-XE-Datenbank loggen Sie sich auf dem Linux-System als Root ein. Die Oracle-Datenbank finden Sie unter *http://www.oracle.com/technology/software/products/database/xe/index.html*.

Die Installation der Datenbank führen Sie unter Debian mit folgendem Befehl aus:

```
dpkg -i oracle-xe-univ-10.2.0.1.1-1.0.i386.deb
```

Wenn Sie mit einem anderen Linux-System arbeiten, verwenden Sie folgenden Befehl:

```
rpm -ivh oracle-xe-univ-10.2.0.1.1-1.0.i386.rpm
```

Als Nächstes führen Sie folgenden Befehl aus, um die Boot-Optionen zu bestimmen:

```
/etc/init.d/oracle-xe-configure
```

Das Skript verlangt von Ihnen verschiedene Eingaben, mit denen die Datenbank in Zukunft gestartet wird:

- HTTP-Port
- Listener-Port
- Passwort für SYS und SYSTEM

Installation

Die Konfiguration der Oracle-XE-Datenbank.

Das Setup-Skript fragt auch, ob Sie die Datenbank bei jedem Systemstart automatisch starten wollen. Bejahen Sie diese Frage. Anschließend können Sie das erste Mal auf die webbasierte Schnittstelle der Datenbank zugreifen. Dazu verwenden Sie folgende URL:

http://127.0.0.1:8080/apex

Die Oracle-Datenbank präsentiert Ihnen ihren übersichtlichen Datenbankmanager, über den alle wichtigen Datenbankaktionen durchgeführt werden.

Als Nächstes installieren Sie auf dem Linux-Server das Java JDK 1.5.0. Wichtig ist, dass Sie diese Version verwenden. Es kann sich um das Update 12 oder höher handeln. Bei anderen Versionen gibt es Probleme mit der ADempiere-Installation.

Wenn Sie statt der Oracle-Datenbank lieber auf das PostgreSQL-Datenbanksystem setzen wollen, so ist die Installation dieses Servers erforderlich. Dazu laden Sie zunächst die Source-Distribution herunter und kopieren Sie die Archivdatei in das Verzeichnis */usr/local/src*. Dort entpacken Sie die Datei mit

```
gunzip postgresql-8.x.x.tar.gz
tar xf postgresql-8.x.x.tar
```

Damit ist ein Verzeichnis *postgresql-8.x.x* unterhalb von */usr/local/src* angelegt, das BUILD-Verzeichnis. Wechseln Sie als Nächstes in dieses Verzeichnis, denn hier werden alle Folgeschritte ausgeführt.

Der erste Schritt dient dem Konfigurieren des Source-Trees, von dem aus die Installation durchgeführt wird. Dazu führen Sie das *configure*-Skript aus:

```
./configure
```

Die Standardkonfiguration erzeugt den Datenbankserver und alle Client-Applikationen und erstellt PostgreSQL standardmäßig im Verzeichnis */usr/local/pgsql*.

Der Befehl *gmake* erzeugt PostgreSQL. Beachten Sie, dass der Build-Vorgang zwischen 5 Minuten und einer halben Stunde dauern kann. Er sollte mit folgender Meldung abgeschlossen werden:

```
All of PostgreSQL is successfully made. Ready to install.
```

Die eigentliche Installation starten Sie mit folgendem Befehl:

```
gmake install
```

Dabei werden folgende Verzeichnisse erstellt:

```
/usr/local/pgsql/bin
/usr/local/pgsql/lib ...
```

Beachten Sie, dass für diese Verzeichnisse Schreibrechte gesetzt sein müssen.

In der Datenbankumgebung nimmt *postgres*, der PostgreSQL User Account, eine besondere Bedeutung ein. Unter diesem Benutzer läuft der Serverprozess. Er sollte der Besitzer der Daten sein, die vom Server verwaltet werden. Mit *adduser* bzw. *useradd* erzeugen Sie den Benutzer *postgres*.

Legen Sie als Benutzer *root* das Datenverzeichnis für Ihre Installation (Datenbankcluster) an und weisen Sie dieses Verzeichnis dem Benutzer *postgres* zu:

```
mkdir /usr/local/pgsql/data
chown postgres /usr/local/pgsql/data
```

Als Nächstes wechseln Sie zum neuen Benutzer *postgres* und starten die Initialisierung der Datenbank:

```
su postgres
/usr/local/pgsql/bin/initdb [ --locale=...] -D /usr/local/pgsql/data
```

Nun können Sie den Datenbankserver als Benutzer *postgres* starten. Dazu verwenden Sie folgenden Befehl:

```
/usr/local/pgsql/bin/postmaster -D /usr/local/pgsql/data
```

oder

```
postmaster -D /usr/local/pgsql/data
```

Diese Kommandos starten den Server als Vordergrundprozess. Ohne die Option *-D* versucht der Server die Umgebungsvariable *$PGDATA* auszulesen. Sind alle Umgebungsvariablen gesetzt, genügt die Verwendung von *postmaster*.

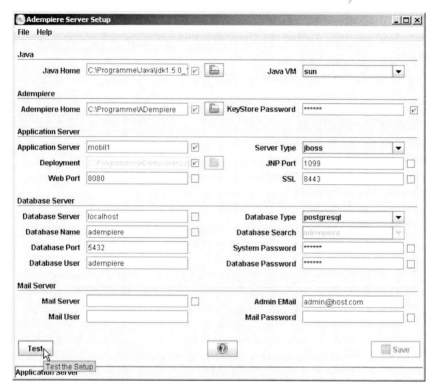

**Die Konfiguration von ADempiere unter Windows
ist identisch mit der Linux-Variante.**

Dann können Sie sich der Einrichtung des ADempiere-Systems widmen. Das ist der schwierigere Teil. Die Vorgehensweise im Einzelnen:

1. Nach dem Download von ADempiere 3.4 (oder höher) entpacken Sie das ZIP-Archiv in ein Verzeichnis Ihrer Wahl. Legen Sie beispielsweise ein Verzeichnis *ADempiere* an.

2. Stellen Sie dann sicher, dass das bin-Verzeichnis der Datenbank-Executables in *PATH* eingeschlossen ist. Führen Sie außerdem bei Verwendung der XE-Variante folgenden Befehl aus: *$ADEMPIERE_HOME/bin/oracle_env.sh*.

Installation 19

3. Führen Sie dann das Skript *$ADEMPIERE_HOME/RUN_Setup* aus. Es öffnet sich der Dialog *ADempiere Server Setup*. Hier sind zunächst verschiedene Einstellungen vorzunehmen bzw. anzupassen:

   - Pfad zur Java-Installation
   - ADempiere-Home-Verzeichnis

4. Bestimmen Sie dann den Datenbanktyp. Wählen Sie dazu aus dem Auswahlmenü *Database Type* den Eintrag *oracleXE* aus.
5. Für den Benutzer *SYSTEM* hinterlegen Sie dann dessen Passwort, das Sie oben definiert haben.
6. Als Datenbankpasswort verwenden Sie *adempiere*.
7. Sie können auch einen Mailserver einrichten, damit über das ADempiere-System auch Mails verschickt werden können.
8. Mit einem Klick auf die Schaltfläche *Test* können Sie einen ersten Testdurchlauf starten, ob auch tatsächlich alle Einstellungen funktionieren und insbesondere die Verbindung zur Datenbank hergestellt werden kann.
9. Sichern Sie die Einstellung mit einem Klick auf *Save*.

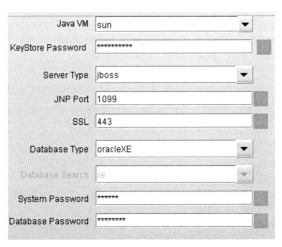

Am Ende der Konfiguration sollten alle Kontrollkästchen grün markiert sein.

10. Das Setup präsentiert Ihnen dann den *Key Store*-Dialog, in dem Sie verschiedene unternehmensspezifische Daten wie den Namen und die Adresse hinterlegen. Daraus wird ein Server-Schlüssel erzeugt.
11. Nach dem Sichern der Schlüsseldaten präsentiert Ihnen das Setup die Lizenzvereinbarung.
12. Damit ist die Installation fast abgeschlossen. Sie erstellen noch einen Sicherheitsschlüssel und das war es auch schon.
13. Über den Dialog *ADempiere Server Setup* starten Sie den eigentlichen Installationsvorgang mit einem Klick auf die Schaltfläche *Start Server Install*.
14. Ist der Installationsvorgang abgeschlossen, erzeugen Sie mit einem Klick auf *Create New Database* die ADempiere-Datenbank, in der all Ihre Daten gespeichert werden.
15. Schließen Sie zum Abschluss das Setup-Fenster. Glückwunsch! Damit ist ADempiere einsatzbereit.

Um das Server-Setup abzuschließen, sind noch zwei kleine Schritte erforderlich. Um den ADempiere-Anwendungsserver zu starten, führen Sie folgenden Befehl im Verzeichnis *$ADEMPIERE_HOME/utils* aus:

```
RUN_Adempiere
```

Bei der Ausführung sollten keine Fehler auftreten. Stellen Sie dies sicherheitshalber mit einem Blick in die Protokolldatei *$ADempiere_HOME/jboss/server/adempiere/logs* sicher.

ADempiere verfügt über einen Client, mit dem Sie auf den Server zugreifen. Den starten Sie mit folgendem Befehl im ADempiere-Verzeichnis ($ADempiere_HOME):

```
RUN_Adempiere
```

Beachten Sie, dass es sich um den gleichen Befehl handelt, der aber in unterschiedlichen Verzeichnissen ausgeführt wird.

Nach der Ausführung des Befehls *RUN_Adempiere* meldet sich der Client, über den die Anmeldung an dem ADempiere-System erfolgt. Der Einlog-Dialog präsentiert Ihnen zwei Register: *Verbindung* und *Standard Werte*.

Relevant für den ersten Zugriff sind die Funktionen des Registers *Verbindung*. Hier wählen Sie zunächst das ADempiere-System aus, zu dem Sie die Verbindung aufbauen wollen. Über das Icon am Ende des Rechner-Felds greifen Sie auf einen Testdialog zu, mit dem Sie die Verbindungsaufnahme zum Application- und zum Datenbank-Server testen können. Diese Funktion erweist sich als sehr nützlich, wenn das Log-in nicht funktioniert. Die Testfunktion gibt auch Hinweise aus, warum es womöglich nicht mit dem Einloggen klappt.

Der Log-in-Dialog der ADempiere-Installation.

ADempiere kommt mit einer Beispielanwendung daher, die die Bezeichnung *GardenWorld* trägt. Über den Log-in-Dialog können Sie sich mit folgenden Kennungen einloggen (Benutzername/Passwort):

- System-Management
    - Administrator: SuperUser/System
    - User: System/System

- Beispiel-Client
  - Administrator: GardenAdmin/GardenAdmin
  - User: GardenUser/GardenUser

Mit diesen Daten können Sie erste Erfahrungen in der ADempiere-Umgebung sammeln.

Bei der Installation sollten Sie sich immer an die exakten Vorgaben halten, wie Sie hier beschrieben sind, denn der Fehlerteufel steckt im Detail. Schon ein kleiner Fehler kann dafür sorgen, dass die Installation und das Einrichten der Beispieldatenbank fehlschlagen.

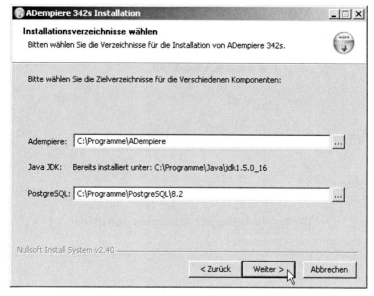

Die Installation des Windows-Pakets von ADempiere.

1.3.2 Installation unter Windows

Sie können ADempiere auch auf einem Windows-Server ausführen. Von Vorteil ist das sicherlich dann, wenn Sie sich nicht so gut mit Linux auskennen, als dass Sie sich eine Linux-basierte Installation zutrauen würden. Prinzipiell ist das Aufsetzen einer Windows-basierten ADempiere-Installation deutlich einfacher als unter Linux. Daher hier nur die notwendigen Schritte im Schnelldurchlauf. Kai Schaeffer vom ADempiere-Verein hat hierfür ein spezielles Paket geschnürrt, in dem bereits die PostgreSQL-Datenbank enthalten ist.

Alternativ können Sie auch die Windows-Variante der Oracle-Datenbank verwenden. Wenn Sie diesen Weg einschlagen wollen, stellen Sie zunächst sicher, dass auf Ihrem Windows-Server die erforderlichen Java-Komponenten installiert sind. Dann können Sie auf Ihrem Windows-Server die Oracle-Datenbank installieren. Diese finden Sie unter *http://www.oracle.com/technology/software/products/database/xe/index.html*. Starten Sie den Installationsassistenten, der Sie durch den Einrichtungsvorgang führt. Sie können während der Installation das Zielverzeichnis und das Admin-Passwort bestimmen. Zum Abschluss der Installation können Sie auf die Startseite der lokalen Datenbankinstallation zugreifen. Die Standard-URL hierfür ist auch unter Windows *http://127.0.0.1:8080/apex/*.

Als Nächstes ist die Installation des ADempiere-Systems dran. Auch hier entsprechen die notwendigen Schritte im Wesentlichen denen unter Linux:

- Entpacken Sie das Download-Archiv in ein Verzeichnis Ihrer Wahl.
- Starten Sie das Setup-Programm mit *RUN_Setup*. Auf dem Desktop wird standardmäßig eine Verknüpfung zum ADempiere-System erzeugt. Sie starten den Log-in-Dialog mit einem Doppelklick auf das Icon.
- Alternativ starten Sie die ADempiere-Umgebung mit *RUN_Server* bzw. klicken Sie doppelt auf die Desktop-Verknüpfung.

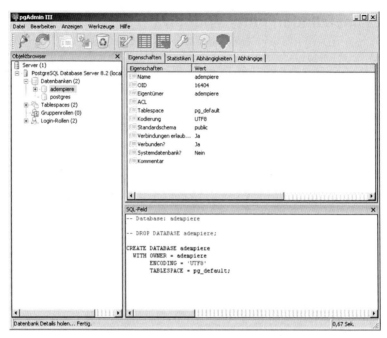

Wenn Sie den Windows-Installer verwenden, wird auch der PostgreSQL-Datenbankmanager pgAdmin III installiert.

Sie finden das Windows-Installationspaket übrigens unter *http://www.adempiere.com/index.php/Windows_Installer*. Wenn Sie das Paket unter Windows Vista installieren wollen, so sind zwei Dinge zu beachten:

1. Zunächst muss die UAC deaktiviert werden. Bei der UAC (Benutzerkontensteuerung) handelt es sich verschiedene Systemfunktionen, die verhindern, dass böswillige Programme das System beschädigen. Verwenden Sie die Benutzerkonteneinstellungen der Vista-Systemsteuerung, um die UAC auszuschalten.

2. Sie müssen das Installationsprogramm *ADempiere3.42s_Setup.exe* als Administrator starten. Dazu markieren Sie die Installationsdatei mit der rechten Maustaste und wählen die Funktion *Als Administrator ausführen*. Dann stehen dem Installationsprogramm die notwendigen Rechte zur Verfügung.

Installation 25

Die Konfiguration der Server-Verbindungen.

Hat das Windows-Installationsprogramm seine Arbeiten erledigt, finden Sie auf dem Desktop das ADempiere-Icon und im Startmenü den ADempiere-Eintrag. Starten Sie über das Startmenü zunächst den Anwendungsserver. Öffnen Sie dann ADempiere. Die Umgebung präsentiert Ihnen den Log-in-Dialog. Wie unter Linux sind noch einige Anpassungen erforderlich. Zunächst müssen Sie die Verbindungen zum Anwendungs- und dann die zum Datenbankserver konfigurieren. Dazu klicken Sie im Auswahlfeld *Rechner*.

Tragen Sie in die Eingabefelder die Koordinaten des Applications- und die des Datenbankservers ein. Für beide stehen Ihnen Testfunktionen zur Verfügung, mit denen Sie prüfen können, ob die Verbindung erfolgreich hergestellt werden kann.

Für weitere Details sei auf die Beschreibung im Abschnitt 1.3.1, *Installation unter Linux*, verwiesen. Dort sind alle Einstellungen detailliert erläutert.

26 ADempiere – der Einstieg

Der Login-Dialog unter Windows.

1.4 ADempiere spricht Deutsch

Wie viele andere Unternehmenslösungen der Open-Source-Gemeinde kommt auch ADempiere aus dem englischsprachigen Raum. Um aber ein solches System in Deutschland vernünftig einsetzen zu können, bedarf es entsprechender Anpassungen. In diesem Abschnitt erfahren Sie, welche Besonderheiten die deutsche Lokalisierung zu bieten hat.

Der ADempiere-Verein (*http://www.adempiere.de*) stellt inzwischen deutschsprachige Sprachdateien zur Verfügung. Sie finden die Sprachdateien und eine Anleitung unter *http://adempiere.de/Downloads.9.0.html*.

Damit Sie Ihre Finanzbuchhaltungsdaten aus ADempiere auch in der Standardsoftware DATEV nutzen können, wurde eine Schnittstelle implementiert, die den Export von Bewegungs- und Stammdaten aus der Finanzbuchhaltung im DATEV-Format erlaubt.

So können Sie die exportierten Daten einfach in ein DATEV-System importieren. Bereits exportierte Daten werden in eine separate, neue (*datev_exportlog*) Tabelle geschrieben und damit als exportiert gekennzeichnet.

Die Exportfunktionen haben weitere Besonderheiten zu bieten. Insbesondere folgende Exportmöglichkeiten sind gegeben:

- Stammdaten der Kreditoren und Debitoren
- Buchungen auf Kreditor- und Debitor-Konten
- offene Posten

In der deutschen Lokalisierung hat zudem im Druckvorschaufenster der ADempiere-Berichtsengine der Benutzer die Möglichkeit, zwischen verschiedenen Druckformaten auszuwählen. Diese Funktionalität wurde auch für die Druckvorschau per Jasper-Berichtsengine implementiert und um eine weitere Funktionalität erweitert (Druckgruppe).

Die Berichtsfunktion unterstützt auch mehrsprachige Belege bzw. Berichte, die über die Jasper-Report-Engine ausgegeben werden. Sie benötigen zur einfachen Verwaltung der Mehrsprachigkeit sogenannte properties-Dateien. Um diese properties-Dateien aus ADempiere mit Jasper verarbeiten zu können, waren Änderungen am ReportStarter notwendig. Die Änderungen ermöglichen es jetzt, properties-Dateien zum entsprechenden Bericht im Attachement sowie als Ressource anzulegen.

In der Produktinfo wurde ein Baumelement eingefügt, das die im System befindlichen Produktkategorien anzeigt. Das Besondere: Kommen neue Kategorien hinzu, so wird der Baum automatisch aktualisiert.

ADempiere – der Einstieg

**Die Produktkategorien werden automatisch
beim Hinzufügen neuer Kategorien aktualisiert.**

Die Produktinfo kann nun mithilfe eines Filters in der Preisliste auch einen Eintrag ohne Preisliste anzeigen. Dieser Filter gibt alle Produkte aus, die noch keiner Preisliste zugeordnet sind.

Die deutsche Fassung bringt weitere Verbesserungen der Multi-Produktauswahl per Produktinfo (Doppelklick auf die Zeile, nicht nur auf die Checkbox), um Positionen in Auftrag/Bestellung, Lieferschein/Wareneingang sowie Aus- und Eingangsrechnung einfügen zu können. Die Verbesserungen:

- Aktiv bei Filterwechsel
- Haken statt nur Markierung

Einen Umbau hat die Lieferscheinerstellung erfahren. Die Lieferscheinerstellung im ADempiere-System erfolgte mit Bestandsreservierungen zu Produkten. Die Berücksichtigung der Geschäftspartner bei den Reservierungen hatte jedoch kein Gewicht. So wurden Lieferscheinerstellungen nur nach Priorität durchgeführt, nicht jedoch nach dem Datum des Auftrags.

In der deutschen Version wurde die Lieferscheinerstellung grundlegend überarbeitet:

- Lieferscheine werden in der Reihenfolge von Priorität und Auftragsdatum erstellt.
- Auch bei individuell generierten Lieferscheinen (Parameter Geschäftspartner im Prozess) wird die Abarbeitung der Reihenfolge eingehalten. Der Geschäftspartner wird nicht automatisch vorgezogen.
- Die Funktionalität *Geschäftspartner vorziehen* ist eingerichtet.

Bei der Lieferscheinerstellung können Sie außerdem einen Portofreibetrag einrichten. In einem neuen Datenfeld im Geschäftspartner kann ein Portofreibetrag eingetragen werden, der bei der Lieferscheinerstellung berücksichtigt wird.

Dabei wird geprüft, ob die zur Lieferung anstehenden Aufträge diesen erfassten Portofreibetrag erreichen, wenn nicht, wird auch kein Lieferschein erstellt. Der Benutzer kann durch einen Prozessparameter Einfluss auf die Berücksichtigung des Portofreibetrags nehmen.

Ergänzend zur geänderten Lieferscheingenerierung wurde ein neues Fenster erstellt, mit dem man individuellen Einfluss auf die Auslieferung nehmen kann. Im Fenster werden alle aktuell anstehenden Auslieferungen angezeigt. Die Auslieferung kann durch Erfassung folgender Kriterien beeinflusst werden:

- geänderte Priorität
- geänderte Menge

In der Auftragszeile kann eine abweichende Lieferanschrift erfasst werden. Diese wird in der Lieferscheinerstellung berücksichtigt. Diese Funktionalität wurde ursprünglich im Rahmen eines Kundenprojekts zur Erfassung von Aufträgen von Einkaufsgenossenschaften implementiert.

Einkaufsgenossenschaften bestellen im Namen von Mitgliedern auf eigene Rechnung. Die Lieferung der Positionen erfolgt jedoch direkt an die entsprechenden Mitglieder. Bei der Lieferscheinerstellung werden die auf Positionszeilen definierten Geschäftspartner und Anschriften berücksichtigt. Teile der Implementierung waren bereits im Standard ADempiere vorhanden, jedoch nicht freigeschaltet.

Die für den deutschen Markt adaptierte Fassung kommt mit weiteren Anpassungen daher. Eine ist die Unterstützung von Incoterms. Im Großhandel sowie im Im- und

Export werden oftmals Incoterms verwendet, um die Lieferbedingungen bzw. Kostenübernahme bei Lieferungen eindeutig festzulegen.

Hierfür wurde die Erfassungsmöglichkeit im Auftrags- sowie Einkaufsprozess in ADempiere eingefügt. Die folgenden Incoterms wurden eingerichtet:

- EXW, ab Werk (engl.: EX Works), Standort des Werks
- FCA, frei Spediteur (engl.: Free Carrier), Ort
- FAS, frei längsseits Schiff (engl.: Free Alongside Ship), Verladehafen
- FOB, frei an Bord (engl.: Free On Board), Verladehafen
- CFR, Kosten und Fracht (engl.: Cost And Freight), Bestimmungshafen
- CIF, Kosten, Versicherung und Fracht (engl.: Cost Insurance Freight), Bestimmungshafen
- CPT, Fracht, Porto bezahlt bis (engl.: Carriage Paid To), Bestimmungsort
- CIP, Fracht, Porto und Versicherung bezahlt bis (engl.: Carriage Insurance Paid), Bestimmungsort
- DAF, frei Grenze (engl.: Delivered At Frontier), Lieferort an der Grenze
- DES, frei ab Schiff (engl.: Delivered Ex Ship), Bestimmungshafen
- DEQ, frei ab Kai (engl.: Delivered Ex Quay), Bestimmungshafen inkl. Entladung
- DDU, frei unverzollt (engl.: Delivery Duty Unpaid), Bestimmungsort im Einfuhrland
- DDP, verzollt (engl.: Delivery Duty Paid), Lieferort im Einfuhrland

In ADempiere wurden die folgenden Änderungen vorgenommen:

- Anpassung der Tabellen C_Order, M_InOut, C_Invoice
- Anpassung der Fenster Auftrag, Lieferschein, Rechnung, Bestellung, Wareneingang, Eingangsrechnung
- Anpassung der Modell-Klassen MOrder, MInOut, MInvoice

Bei einem E-Mail-Versandauftrag erfolgt nur die Vorbelegung der Empfänger-E-Mail-Adresse (mit dem jeweiligen Geschäftspartner) beim Senden eines Auftrags als E-Mail aus der Jasper-Druckvorschau.

Auch die oben bereits beschriebene Funktion der Belegnummern hat einige Verbesserungen erfahren. In der Standard-ADempiere-Version ist die Formatierung von Belegnummern nur auf eine fortlaufende Zahl sowie Präfix und Suffix beschränkt. In der deutschen Lokalisierung ist zusätzlich die Möglichkeit implementiert, sogenannte Patterns für die Belegnummernformatierung einsetzen zu können.

In ADempiere können Sie nun auch Textbausteine in Ihren E-Mails verwenden. Im E-Mail-Editor ist die Möglichkeit implementiert, Textbausteine einzubetten. Diese können über ein Auswahlmenü ausgewählt werden.

Im Standard-ADempiere-System wird bei der Auftragserfassung der Rechnungsgeschäftspartner nur nach Adressen bzw. Geschäftspartnerbeziehungen unterschieden. Die Checkboxen in der Geschäftspartneranschrift sowie in Geschäftspartnerbeziehungen spielen bei der Bestückung des Drop-down-Menüs beim Rechnungspartner keine Rolle.

In der deutschen Fassung gibt es folgende Änderungen:

- Berücksichtigung der Checkbox Rechnungsanschrift (Partneranschrift und Beziehungen) bei der Auswahl des Rechnungspartners
- Berücksichtigung der Checkbox Rechnungsanschrift (Partner Anschrift und Beziehungen) bei der Auswahl der Rechnungspartner-Location
- Berücksichtigung der Platzhalterfunktion in Geschäftspartnerbeziehungen zur Geschäftspartner-Location

1.5 Deutsches Sprachpaket installieren

Das Download-Paket von ADempiere präsentiert Ihnen nach der Installation die englischsprachige Benutzeroberfläche, doch ADempiere ist in mehrere Sprachen übersetzt worden. Die verschiedenen Übersetzungen werden auch als Language Pack bezeichnet.

Ein Language Pack umfasst mehrere XML-Dateien, die die Übersetzung einer Sprache enthalten. Solche Dateien sind versionsunabhängig, das bedeutet Folgendes: Wenn Sie ein Language Pack einer älteren ADempiere-Version auf einer neueren ADempiere-Version einspielen, sehen Sie nur die neu hinzugekommenen Wörter in Englisch, die restlichen sind übersetzt.

ADempiere – der Einstieg

Bei einem Language Pack handelt es sich meist um eine Archiv-Datei, die die verschiedenen XML-Dateien beinhaltet. Die Dateien haben ein Format von: *<tabellen_name>_Trl_<sprache>.xml*

Dazu ein Beispiel: *AD_Window_Trl_de_MX.xml*, wobei *AD_Window* der Tabellenname ist und *de_DE* ist die Sprache (Deutsch für Deutsche). Sie finden die vollständige Übersetzung für Deutschland beispielsweise hier: *https://adempiere.svn.sourceforge.net/svnroot/adempiere/trunk/data/de_DE*. In diesem Verzeichnis finden Sie die einzelnen XML-Dateien, also kein Archiv.

Die ZIP-Datei finden Sie im Download-Bereich der ADempiere-Projektseite bei SourceForge (*http://sourceforge.net/projects/adempiere/*) unter *View all*.

adempiere - Revision 11346: /trunk/data/de_DE

- ..
- AD_Element_Trl_de_DE.xml
- AD_FieldGroup_Trl_de_DE.xml
- AD_Form_Trl_de_DE.xml
- AD_Menu_Trl_de_DE.xml
- AD_Message_Trl_de_DE.xml
- AD_Process_Trl_de_DE.xml
- AD_Ref_List_Trl_de_DE.xml
- AD_Tab_Trl_de_DE.xml
- AD_Task_Trl_de_DE.xml
- AD_WF_Node_Trl_de_DE.xml
- AD_Window_Trl_de_DE.xml
- AD_Workflow_Trl_de_DE.xml
- C_Country_Trl_de_DE.xml
- C_Currency_Trl_de_DE.xml
- C_DocType_Trl_de_DE.xml
- C_DunningLevel_Trl_de_DE.xml
- C_Greeting_Trl_de_DE.xml
- C_UOM_Trl_de_DE.xml
- M_Product_Trl_de_DE.xml

Powered by *Subversion* version 1.6.4 *(r38063)*.

Bei SourceForge werden die deutschen Sprachdateien für ADempiere gehostet.

Deutsches Sprachpaket installieren

Laden Sie sich zunächst das Sprachpaket herunter. Als Nächstes führen Sie folgende Schritte aus:

1. Loggen Sie sich zunächst in das ADempiere-System als Administrator ein. Wechseln Sie über System *Admin> General Rules> System Rules> Language* zu den aktuellen Spracheinstellungen.
2. Wechseln Sie in die Tabellenansicht mit einem Klick auf das *Grid toggle*-Icon. Alternativ drücken Sie *F8*.
3. Suchen Sie den Eintrag *de_DE* und aktivieren Sie in der Spalte *System Language* das entsprechende Kontrollkästchen.
4. Wechseln Sie mit einem erneuten Klick auf *F8* zurück zur Standardansicht des de_DE-Eintrags.

Die Vorbereitung für die Installation des deutschen Sprachpakets.

5. Stellen Sie sicher, dass das Kontrollkästchen *System Language* aktiviert ist und klicken Sie dann auf die Schaltfläche *Language Maintenance*.
6. Im zugehörigen Dialog wählen Sie aus dem Auswahlmenü die Option *Add Missing Translations* aus, um alle englischen Wörter in die Übersetzungszone zu kopieren. Warten Sie, bis der Vorgang beendet ist.
7. Als Nächstes ist die Installation des Language Packs dran. Kopieren Sie die XML-Dateien dazu in ein Verzeichnis Ihrer Wahl.

8. Wechseln Sie nun zum Dialog *Translation Import/Export*, einem Untermenü des *System Rules*-Menüs.
9. Lassen Sie im zugehörigen Dialog die Felder *Client* und *Table* leer und wählen Sie im Feld *Language* die gewünschte Sprache aus. Für die deutsche Sprache wählt man hier *German (Germany)*.
10. Klicken Sie als Nächstes auf den Import-Button und wählen Sie das Verzeichnis, in dem Sie die entpackten XML-Dateien abgelegt haben.
11. Klicken Sie auf *Öffnen*, um den Import zu starten. Der Importvorgang kann einige Zeit in Anspruch nehmen.
12. Wechseln Sie nach dem erfolgreichen Import zum Menü *Synchronize Terminology*, um die Übersetzung hinzuzufügen. Sie finden die Synchronisationsfunktion unter *System Admin> General Rules> Synchronize Terminology*.
13. Starten Sie den Vorgang mit einem Klick auf die Schaltfläche *Start*. Die Fortschrittsanzeige zeigt den Vorgang an.
14. Loggen Sie sich als Nächstes aus dem System aus, starten Sie ADempiere neu und loggen Sie sich erzeugt ein. Vergessen Sie dabei nicht, die zuvor installierte Sprache auszuwählen.

Die zuvor installierte Sprachvariante ist übrigens systemübergreifend für alle Benutzer verfügbar.

Deutsches Sprachpaket installieren 35

**Nach der Installation des Sprachpakets ist ADempiere
in der deutschen Variante verfügbar.**

2 ADempiere kennenlernen

Nachdem Sie die Installationshürde gemeistert haben, geht es im nächsten Schritt darum, sich einen Eindruck von der Funktionalität und dem Handling zu machen.

Der höchste Business-Eintrag in ADempiere ist der Tenant (Mandant). Jedem Tenant können ein oder auch mehrere Unternehmen zugeordnet sein. Er definiert unternehmensweite Einstellungen wie das Accounting-Schema, Abteilungen etc. Diese Informationen werden dann im Unternehmen von allen Mitarbeitern genutzt.

In der Grundkonfiguration kommt das System mit zwei höchsten Instanzen daher:

- System-Administrator
- GardenWorld-Administrator

Wie bereits erwähnt dient die GardenWorld-Instanz als Demo, um das System und seine Funktionen anhand von typischen Aktionen und Abläufen kennenzulernen. Sie können in ADempiere auch komplexe Unternehmensstrukturen mit einem Hauptsitz, Filialen und Abteilungen abbilden – wenn das erforderlich sein sollte.

In der Regel ist vor dem ersten harten Einsatz im Unternehmen eine Vielzahl an Vorarbeiten erforderlich. So müssen beispielsweise Kundendaten importiert, Benutzer angelegt und Warenbestände eingeführt werden. Für die Vorarbeiten greift man meist auf die Importfunktionen des ADempiere-Systems zurück. Eine wesentliche administrative Aufgabe ist natürlich die Benutzerverwaltung.

Als Systemadministrator sind Sie die höchste Instanz, die es in einer ADempiere-Umgebung gibt. Dazu müssen Sie sich entsprechend einloggen und können sich dann typischen administrativen Aufgaben widmen.

Mit *RUN_Adempiere* starten Sie die Anmeldung. Wählen Sie den Rechner aus, auf dem ADempiere ausgeführt wird. Es versteht sich von selbst, dass Sie von jedem beliebigen Rechner auf das ADempiere-System zugreifen können. Als Benutzer geben Sie *Super User* gefolgt von dem bei der Installation definierten Passwort an. Mit einem Klick auf den grünen Haken landen Sie auf dem Register *Standard Werte*.

Im Auswahlmenü *Rolle* wählen Sie *System Administrator* und als Mandant *System*. Der Log-in-Dialog kann meist auch die verfügbaren Drucker zur Auswahl anbieten. Da noch keine Abteilungen und/oder Lager eingerichtet sind, können diese auch nicht gewählt werden.

Das Einloggen als System-Administrator.

Nach dem Einloggen als System-Administrator landen Sie in der höchsten Ebene des Systems. ADempiere präsentiert Ihnen einen Auswahldialog, über den Sie einen baumartigen Überblick über die verschiedenen Funktionsbereiche haben. Über das Register *Menü* können Sie sich durch die Hierarchie hangeln. Bei einigen Knotenpunkten öffnet sich ein neues Fenster, bei anderen wird ein weiteres Register erzeugt.

2.1 Systemeinstellungen

Um die ADempiere-Systemeinstellungen anzupassen, wechseln Sie zum Knoten *System Administration*. Unter *Allgemeine Einstellungen> Einstellungen Mandant* finden Sie die Einstellungen des aktuellen Systems. Öffnen Sie dort den Eintrag *Mandant* und ADempiere präsentiert Ihnen den Konfigurationsdialog für das Demo-Unternehmen *GardenWorld*.

Systemeinstellungen

Die Hierarchie der ADempiere-Funktionen.

Ein Klick auf den Mandant-Eintrag öffnet die Einstellungen desselben. Auf dem zugehörigen Dialog können Sie den Namen, die Standardsprache sowie verschiedene Einstellungen für den Mail-Verkehr definieren.

40 ADempiere kennenlernen

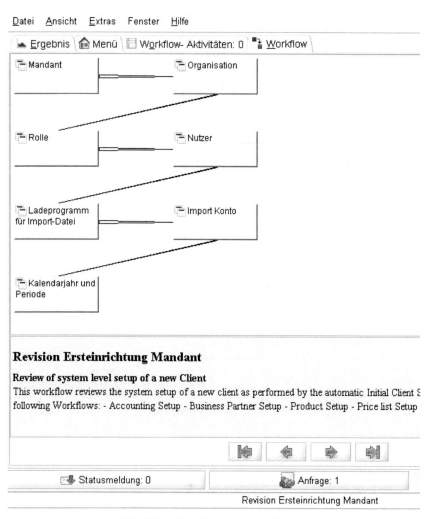

Die Workflow-Funktion in Aktion.

Ein echtes Highlight von ADempiere ist die Workflow-Funktion, die über das Workflow-Icon (zwei per Pfeil miteinander verbundene Quadrate) bzw. über den Menüeintrag *Revision Ersteinrichtung Mandant* öffnen. Dem Workflow-Sinnbild werden wir immer wieder begegnen.

Das Workflow-Modell erlaubt Ihnen das Definieren von automatischen Workflow-Regeln, die die typischen Abläufe im Unternehmen abbilden. ADempiere kennt drei Workflow-Typen:

- **Allgemeiner Workflow**: Er stellt Richtlinien und Schritt-für-Schritt-Anweisungen für das Erreichen einer bestimmten Aufgabe zur Verfügung. In ADempiere sind derartige Abläufe beispielsweise in verschiedenen Assistenten implementiert. Ein typisches Beispiel hier sind die Abläufe für die Projektplanung oder einen Projektabschluss.

- **Dokumentenprozess-Workflow**: Hier geht es um die Verarbeitungsschritte von bestimmten Dokumententypen und deren Zustimmung. Ein Beispiel hierfür ist eine Produktanforderung oder eine Bestellung mit hohem Warenwert.

- **Wert-abhängiger Workflow**: Dieser Typ setzt dann ein, wenn ein Eintrag einen bestimmten Wert erreicht hat. Es kann sich beispielsweise um einen Kredit in einer definierbaren Höhe handeln. Im Workflow-Modell können Sie dann definieren, welche Schritte eingeleitet werden sollen.

Ein Workflow ist selbst wiederum durch verschiedene Schritte, die als Knoten symbolisiert werden, gekennzeichnet. Jeder Knoten kann eine der folgenden Aktionen bedeuten:

- **Automatischer Prozess**: Hier handelt es sich um eine automatisierte Aktion.

- **Benutzeraktion**: Bei diesem Typ sind Aktionen des Benutzers gefragt, beispielsweise das Einleiten einer Folgeaktion.

- **Setzen von Variablen**: Im Workflow können auch Variablen verwendet werden.

- **Benutzerwahl**: Hier lassen Sie den Benutzer entscheiden, welches der nächste Schritt ist. Hierfür bieten sich Auswahllisten an.

- **Wartend**: Hier wartet das System, bis eine bestimmte Aktion eingeleitet wird.

ADempiere stellt Ihnen für diesen Aufgabenbereich eine Vielzahl an interessanten und nützlichen Funktionen zur Verfügung. Für die Bestätigung bzw. Freigabe bestimmter Schritte können Sie beispielsweise eine Freigabehierarchie erstellen und so die Verantwortlichkeiten definieren. Sie können einzelnen Benutzern, aber auch ganzen Gruppen Workflows zuweisen, für die diese dann zuständig sind.

Auch einzelne Schritte können bestimmten Benutzern und Gruppen zugeordnet werden.

Das Workflow-Modul unterstützt außerdem Prioritäten – und zwar dynamisch. So können Sie dafür sorgen, dass beispielsweise bestimmte Anfragen vor anderen abgearbeitet werden. Außerdem können Eskalations-Routinen eingeführt werden. Auch das Versenden von Hinweis- oder Warnmeldungen ist einfach zu realisieren.

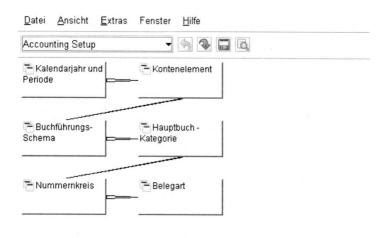

Einrichtung Buchführung

Revision und Anpassung der Buchführungseinstellungen
This workflow allows you to review and change your Accounting Rules.

Mit dem Workflow-Editor wird das Erstellen von Arbeitsabläufen fast zum Kinderspiel.

Dank des integrierten Workflow-Editors ist es ein Leichtes, für gängige Unternehmensprozesse entsprechende Workflows zu definieren. Diesen starten Sie aus dem Menü *System Administration> Workflow> Workflow Editor*. Über das Auswahlmenü im oberen Editorbereich stehen Ihnen dreißig vordefinierte Abläufe zur Auswahl, die Sie „nur" noch an Ihre Bedürfnisse anpassen müssen. Beispiele für die vordefinierten Abläufe sind das Anlegen eines Produkts, die Verarbeitung einer Zahlung oder das Einrichten eines Projekts. Natürlich können Sie auch eigene Workflow-Vorlagen erstellen.

Ein einzelner Workflow ist, wie bereits erwähnt, nicht nur durch die aufeinanderfolgenden Schritte gekennzeichnet, sondern eben auch durch den Workflow-Typ, die Zugriffsrechte und Konditionen.

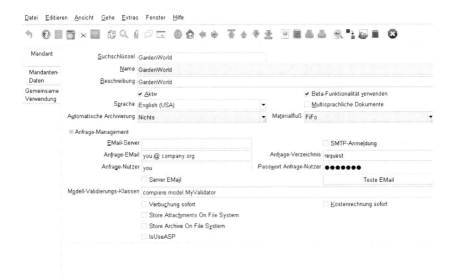

Ein Blick auf das typische Mandantenregister.

2.2 Mandantenkonfiguration

Der bereits mehrfach erwähnte Mandant ist die höchste Instanz in Ihrer ADempiere-Umgebung. Über die Mandanten-Einstellungen können Sie eine Vielzahl an Einstellungen für diese Instanz vornehmen. Der Zugriff auf diese Einstellungen erfolgt beispielsweise über das Workflow-Modul mit einem Klick auf das Mandanten-Icon oder aber über die Baumhierarchie *System Administration> Einstellungen Mandant> Mandant*.

Wichtig dabei: Um einen neuen Mandanten zu erstellen, verwenden Sie nicht das Tenant-Menü, sondern das Menü *Revision Ersteinrichtung Mandant*.

Wenn Sie die Mandanten-Einstellungen öffnen, so präsentiert sich Ihnen ein für ADempiere typischer Dialog mit drei Registern:

- Mandant
- Mandanten-Daten
- Gemeinsame Verwendung

Auf dem Register *Mandant* präsentiert Ihnen ADempiere verschiedene allgemeine Informationen, beispielsweise den Suchbegriff innerhalb der Umgebung (dazu gleich mehr), seine Bezeichnung und eine Beschreibung, die Spracheinstellung der Website und verschiedene Einstellungen für das Request-Management (Mailserver-Adresse, Port, Request-E-Mail-Adresse, Request-Benutzer etc.).

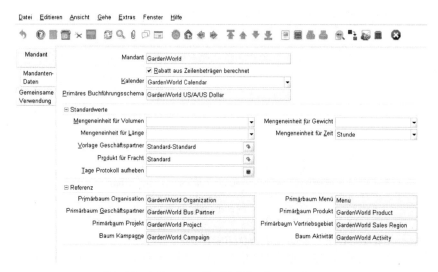

Die Einstellungen für die Mandanten-Daten.

Neben der Mandanten-Bezeichnung, der Verfügbarkeit eines Kalenders und dem primären Account-Schema können Sie verschiedene Standard- und Referenzeinstellungen vornehmen.

Im ersten Bereich definieren Sie beispielsweise verschiedene UOM-Einstellungen. UOM steht für Unit of Measure, also Mengeneinheit.. Dahinter verbergen sich von Ihnen definierbare nicht-monetäre Maßeinheiten. Mögliche Einheiten sind beispielsweise Minuten, Stunden, Arbeitstage etc. Sie können aber auch andere Einheiten einführen, die speziell auf Ihr Unternehmen ausgerichtet sind.

Im Bereich *Referenz* definieren Sie die Baumeinstellungen. Hinter einem Baum verbirgt sich eine hierarchische Struktur, wie sie beispielsweise für das Reporting oder die Zugriffsrechte benötigt wird.

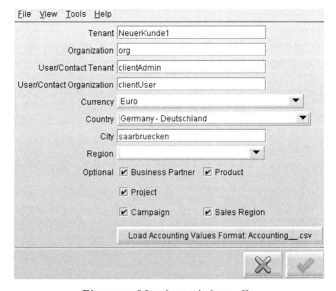

Ein neuer Mandant wird erstellt.

Um einen neuen Mandanten zu erstellen, der beispielsweise die Administration einer Niederlassung oder eines Kunden übernimmt, klicken Sie auf den Menüeintrag *Revision Ersteinrichtung Mandant*. Im Workflow-Diagramm klicken Sie auf das entsprechende Sinnbild. In dem zugehörigen Dialog weisen Sie dem neuen Tenant eine Bezeichnung zu und bestimmen dessen weitere Eigenschaften. Die

Funktionen des neuen Mandanten sind anschließend nach dem Log-in mit den oben definierten Log-in-Einstellungen verfügbar.

2.3 Ordnung schaffen

Wenn Sie in ADempiere komplexere Unternehmensstrukturen abbilden wollen, so ist die Organisation-Funktion dafür bestens geeignet, denn damit können Sie verschiedene Bereiche abdecken. Sie hilft Ihnen, unterschiedliche organisatorische Einheiten zu definieren und zu verwalten. Sie können mithilfe dieser Funktion beispielsweise einen Bereich Marketing, eine Zentrale und eine Außenstelle A definieren. Solchen Einheiten können Sie dann beispielsweise bestimmte Dokumente oder Transaktionen zuweisen.

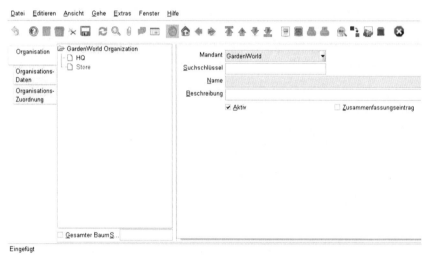

Die Einstellungen für eine organisatorische Einheit.

Um in der bestehenden Hierarchie eine neue organisatorische Einheit zu erstellen, klicken Sie im Organisations-Dialog auf das Icon *Neuer Eintrag* (verwenden Sie alternativ die Tastenkombination *ALT+N*) und geben Sie die Bezeichnung des Eintrags sowie den passenden Suchbegriff und eventuell eine Beschreibung ein. Mit einem Klick auf die *Änderungen speichern*-Schaltfläche speichern Sie den Eintrag.

Ordnung schaffen 47

Wenn Sie nun zum Register *Organisations-Daten* wechseln, können Sie dort die Adresse, den Organisationstyp, die EDI-Einstellungen und Steuer-ID hinterlegen. Über das Auswahlmenü *Übergeordnete Organisation* bestimmen Sie die übergeordnete Einheit. So können Sie wunderbar Unternehmenshierarchien abbilden.

In ADempiere können Sie natürlich auch Beziehungen zwischen den verschiedenen Einheiten herstellen. Auch Transaktionen zwischen zwei und mehr Einheiten sind möglich.

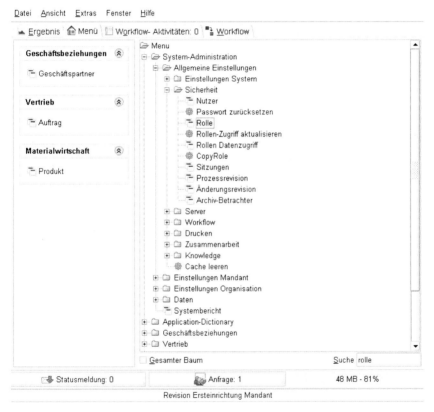

Die Suche nach den Rollen-Funktionen.

Wie Sie bereits mehrfach gesehen haben, ist die Navigation in der Hierarchie des ADempiere-Hauptfensters nicht immer einfach. Damit Sie schnell die gewünschten

Einstellungen finden, stellt Ihnen das Hauptfenster eine einfache Suchfunktion zur Verfügung. Geben Sie Ihren Suchbegriff einfach in das Eingabefeld *Suche* ein und schon springt die Markierung zum ersten passenden Menü. Mit *Enter* springen Sie zum nächsten Ergebnis. Rechts neben der Suche finden Sie zwei Schaltflächen zum Auf- und Einklappen. Das hilft Ihnen, die Ansicht anzupassen.

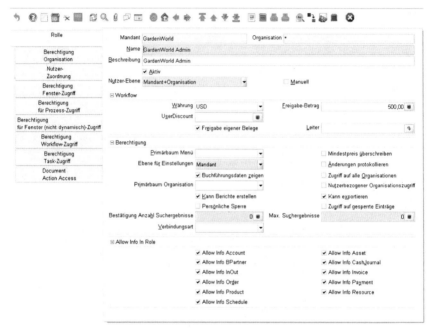

Die Einstellungen einer ADempiere-Rolle.

2.4 Die wichtigsten Icons im Überblick

Wenn Sie erfolgreich mit ADempiere arbeiten wollen, so sollten Sie die Funktion der wichtigsten Icons kennen. Hier ist zwischen den Icons im ADempiere-Menü und den Dialogen zu unterscheiden. Hier ein Blick auf einen Menüeintrag, der alle vier unterschiedlichen Icons aufweist:

Die wichtigsten Icons im Überblick 49

Die verschiedenen Icons im ADempiere-Menü.

Nachstehende Tabelle fasst die Icons des ADempiere-Menüs zusammen:

Icon	Beschreibung
	Startet ein Workflow-Diagramm, das Ihnen den Weg zu bestimmten Einstellungen und Funktionen ebnet.
	Öffnet einen Dialog, ein neues Fenster oder ein Formular.
	Startet einen Verarbeitungsprozess.
	Erzeugt einen Bericht.

Hier die Icons, denen Sie in den verschiedenen Dialogen immer wieder begegnen. Die meisten Funktionen sind auch über Funktionstasten und Tastenkombinationen zugänglich:

Icon	Funktionstaste	Tastenkomb.	Beschreibung
	Esc	Alt+U	Macht die letzte Änderung rückgängig.
	F1	Alt+H	Ruft die Hilfefunktion auf.
	F2	Alt+N	Erzeugt einen neuen Eintrag.
	-	Shift+F2	Löscht den aktuellen Eintrag.
	-	Strg+D	Löscht ausgewählte Einträge.
	F4	Alt+S	Sichert die Änderungen.
	F5	Alt+Q	Aktualisiert die Ansicht.
	F6	Alt+L	Öffnet den Suchdialog für die Suche nach Inhalten.
	F7	-	Fügt ein Attachment an.
	-	-	Chat-Modul, das dem Verfassen und Anzeigen von Nachrichten dient.
	F8	Alt+O	Schaltet zwischen der Einzel- und Tabellenansicht hin- und her.
	F9	-	Zeigt die Verlaufsdaten an.
	-	-	Öffnet das Menü.
	-	Alt+Links, Alt+Rechts	Wechselt zum übergeordneten Eintrag. Wechselt zum Detaileintrag

Die wichtigsten Icons im Überblick

Icon	Funktionstaste	Tastenkomb.	Beschreibung
	-	Alt+Bild hoch	Bringt Sie zum ersten Eintrag.
	-	-	Bringt Sie einen Eintrag zurück.
	-	-	Springt einen Eintrag vor.
	-	Alt+Bild runter	Springt zum letzten Eintrag einer Liste.
	F11	Alt+R	Erzeugt einen PDF-Report. Aus dem Report heraus sind Folgeaktionen wie der Export möglich.
		Alt+A	Archiviert den aktuellen Eintrag im ADempiere-Archiv.
	F12	Alt+P	Öffnet den Druckdialog, der das Ausdrucken der Inhalte erlaubt.
	-	-	Öffnet die Zoom-Funktion.
	-	Alt+W	Öffnet den zugehörigen Workflow-Dialog, sofern verfügbar.
	-	Alt+C	Zeigt die Anfragen in einem eigenen Dialog an.
	-	Alt+I	Öffnet die Produktinfo.
	-	Alt+X	Schließt den aktuellen Dialog.

Diesen Icons begegnen Sie in den Standarddialogen. In Folgedialogen wie beispielsweise dem Bericht-Viewer tauchen weitere Icons auf, die beispielsweise die Anpassung eines Berichts oder das Versenden als E-Mail erlauben.

2.5 Rollen und Benutzer

Auch den Begriff der Rolle (Role) sollten Sie kennen, wenn Sie erfolgreich mit ADempiere arbeiten wollen. Eine Rolle steuert die Zugriffsrechte auf die verschiedenen Informationen einer ADempiere-Installation, also beispielsweise den Zugriff auf bestimmte Funktionen, Aufgaben und/oder Listen.

ADempiere kennt vier grundlegende Rollentypen:

- System Administrator
- Super User
- Mandantenadministrator
- Mandanten-User

Der Systemadministrator hat die weitestreichenden Rechte in einer ADempiere-Umgebung. Er hat Einblicke in alle Bereiche des Systems. Er kann sich beispielsweise alle UOMs und Dokumente ansehen. Als eine Art oberster Hüter des Systems kann er zwar Unter-Administratoren einrichten, seine Konfiguration kann aber nicht geändert werden.

Der nächste Typ ist der Super User. Er besitzt alle Rollen in einem System. Sein Einsatz ist in Notfallsituationen gefragt, wenn Sie beispielsweise innerhalb einer Abteilung einen Benutzer benötigen, der über alle Rechte verfügt. Es versteht sich von selbst, dass man in der Regel nur wenige Super User einrichtet.

Fehlen noch der Mandantadministrator und der Mandanten-User. Der eine ist für die Administration, das Einrichten von Daten und die Durchführung von Transaktionen zuständig, der andere ist meist auf Transaktionen beschränkt.

Sie finden die Rollen-Einstellungen unter *System Administration> Allgemeine Einstellungen> Sicherheit> Rolle*. Wie Sie nachstehender Abbildung entnehmen können, weist der zugehörige Dialog neun Register auf, über die man eine Vielzahl von Einstellungen vornehmen kann. Sie können beispielsweise den Zugriff auf Fenster, Prozesse, Formulare, Aufgaben und Workflow steuern.

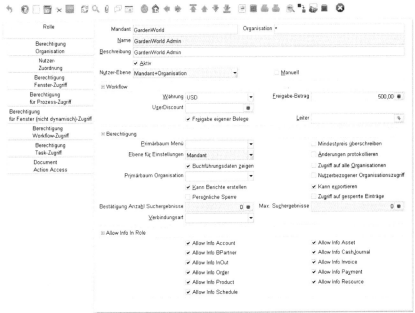

Die Konfiguration des Zugriffs auf bestimmte Fenster.

Um eine neue Rolle zu definieren, klicken Sie auf das *Neuer Eintrag*-Icon, weisen der Rolle eine Bezeichnung zu und hinterlegen eine Beschreibung. Sie aktivieren die Rolle, indem Sie das Kontrollkästchen *Aktiv* markieren.

Die nächste wichtige Konfiguration: Die Wahl der Benutzerebene. Aus dem Auswahlmenü können Sie eine von vier Ebenen definieren:

- Mandant
- Mandant + Organisation
- Organization
- System

Damit bestimmen Sie, welche Daten für die Rolle zugänglich sind. Wenn Sie keinen dieser vier vordefinierten Level verwenden wollen, aktivieren Sie das Kontrollkästchen *Manuell*. Dann werden die Zugriffsrechte auf den übrigen Registern nicht automatisch zugewiesen, sondern müssen von Ihnen manuell konfiguriert werden.

Im Bereich *Workflow* können Sie beispielsweise die Währung bestimmen, unter *Berechtigungen* die weiteren Zugriffseinstellungen, wie beispielsweise die Exportfunktion nutzen.

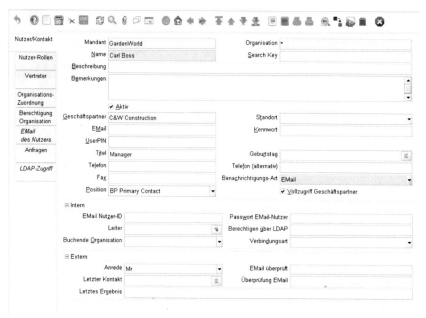

Der typische User-Dialog.

Ein weiterer wichtiger Begriff in der ADempiere-Umgebung ist der des Nutzers bzw. Users. Auch die Benutzereinstellungen finden Sie im ADempiere-Menü über *System Administration> Allgemeine Einstellungen> Sicherheit> Nutzer*. Mit einem Klick auf den Nutzer-Eintrag öffnen Sie die Benutzerverwaltung. Auch hier weist das zugehörige Formular verschiedene Register auf, über die Sie unterschiedliche Bereiche konfigurieren können.

Bei einer Neuinstallation fehlt es natürlich noch an Benutzern (Lediglich die Demo-Anwendung kommt mit einigen wenigen Benutzern daher) Diese müssen erst eingerichtet werden. Dazu können Sie die ADempiere-Benutzerverwaltung verwenden. Alternativ können Sie einen LDAP-Server oder aber die mächtigen Importfunktionen verwenden.

Bei einer Erstinstallation verfügt ADempiere über zwei User: den Systemadministrator und den Super User. Um einen neuen Benutzer zu erstellen, klicken Sie wie gewohnt auf das Icon *Neuer Eintrag*. Zunächst bestimmen Sie den Mandanten und die organisatorische Einheit. Weisen Sie dann dem neuen User eine Bezeichnung, den Suchbegriff, eine Beschreibung und gegebenenfalls einige Kommentare zu, die den Benutzer und dessen Aufgabenbereich beschreiben.

Wenn der neue Benutzer direkt aktiviert werden soll, versehen Sie das Kontrollkästchen *Aktiv* mit einem Haken.

Im nächsten Bereich bestimmen Sie den Business-Partner und die typischen Kontaktdaten wie E-Mail-Adresse, Telefonnummer und Position. Außerdem hinterlegen Sie das Passwort und den Notification-Typ. Wenn Sie die standardmäßig aktivierte Option *Vollzugriff Geschäftspartner* aktiviert lassen, hat der neue Benutzer vollen Zugriff auf alle Dokumente, Anfragen und Posten für den mit ihm verknüpften Geschäftspartner. Auch auf die Geschäftspartner kommen wir später noch genau zu sprechen.

Das Formular für die Nutzer hat im unteren Bereich zwei weitere Einstellungsbereiche zu bieten: *Intern* und *Extern*. Die einen Einstellungen sind für die interne Benutzerverwaltung und den Kontakt relevant, die externen für die Kommunikation nach außen.

Mit den internen Einstellungen weisen Sie dem neuen Benutzer beispielsweise eine ID, einen Supervisor und einen LDAP-Benutzernamen zu. Mit den externen Einstellungen können Sie einen Gruß hinterlegen.

Der Nutzer-Dialog besitzt vier weitere Register, die für die Benutzerverwaltung von Bedeutung sind:

- **Nutzer-Rollen**: Hier finden Sie die dem Benutzer zugewiesenen Rollen bzw. können dem Benutzer weitere Rollen zuweisen bzw. entfernen.
- **Vertreter**: Hier können Sie einen User durch einen anderen ersetzen.
- **Organisationszuordnung**: Hier bestimmen Sie die Zugriffsrechte auf unterschiedliche Unternehmenseinheiten.
- **Berechtigung Organisation**: Erlaubt die Anpassung der Berechtigung.
- **E-Mail des Nutzers**: Hier finden Sie die E-Mails des Benutzers samt Nachrichteninhalt.
- **Anfragen**: Führt die an den Benutzer gerichteten Anfragen auf.

- **LDAP Access**: Hier die LDAP-Einstellungen.

Wie bereits erwähnt, können Sie über die Importfunktionen des ADempiere-Systems bestehende Account-Daten importieren. Dazu greifen Sie über *System Administration> Daten> Daten-Import> Ladeprogramm für Import-Datei* auf den Importassistenten zu. Er erlaubt Ihnen insbesondere das Importieren von CSV-Dateien und die Anpassung des Imports. Das System stellt auch eine Exportfunktion bereit, mit der Sie Daten auf andere Systeme übertragen können.

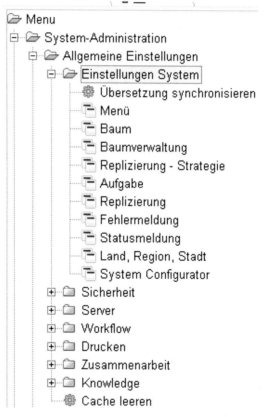

Unter *Einstellungen System* finden Sie die wichtigsten systemübergreifenden Einstellungen der ADempiere-Umgebung.

2.6 Anpassung der Grundkonfiguration

Bislang haben Sie einige typische Aktionen beim Umgang mit dem ADempiere-System kennengelernt. Bevor wir uns mit den eigentlichen CRM- und ERP-Funktionen befassen, werfen wir noch einen Blick auf die Systemkonfiguration. Über das Menü *System Administration> Allgemeine Einstellungen> Einstellungen System* sind wichtige systemübergreifende Einstellungen verfügbar.

Wenn Sie dem Eintrag *System* folgen, so präsentiert Ihnen ADempiere verschiedene allgemeine Systemeinstellungen. Sie können auf dem zugehörigen Formular den Systemnamen ändern. Über das Auswahlmenü *System Status* passen Sie den Status Ihrer Installation an. Sie haben die Wahl zwischen drei Optionen:

- Evaluierung
- Implementierung
- Produktion

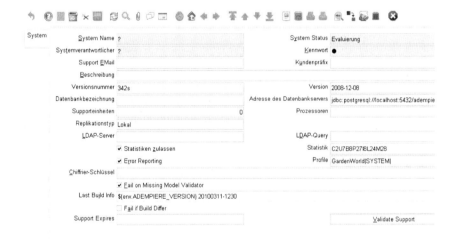

Die allgemeinen Systemeinstellungen.

Wichtig sind außerdem die Angaben zur Support-E-Mail, damit auch Dritte bei Problemen wissen, an wen sie sich wenden können. Wenn Sie den ADempiere-LDAP-Server für die Benutzerverwaltung verwenden wollen, so sollten Sie auch diesen samt Domain angeben. Standardmäßig ist außerdem die Verwendung von

Statistiken mit *Statistik zulassen* und das Erstellen von Fehlerberichten mit *Error Reporting* aktiviert.

Über die Systemeinstellungen können Sie auch die Spracheinstellungen bearbeiten. Bei einer Standardinstallation sind bereits drei Sprachen installiert: Englisch, Deutsch und Französisch. Das bedeutet leider nicht, dass die Benutzerschnittstellen in den genannten Sprachen verfügbar sind, sondern Sie können damit lediglich einem Geschäftspartner eine entsprechende Sprache samt den typischen Eigenschaften zuweisen.

Das Systemmenü bietet zwei Funktionen für die Sprache: Sie können die installierten Sprachen verwalten und Sie können neue Sprachen einrichten. Für die Verwaltung der Sprachen verwenden Sie das Untermenü *Sprache*. Auf dem zugehörigen Dialog bestimmen Sie die Bezeichnung der Sprache, den ISO-Sprach- und -Länder-Code.

Wenn Sie eine neue Sprache einrichten wollen, so folgen Sie dem Menü *Einrichtung Sprache*. Anhand des Icons erkennen Sie, dass ein typischer Workflow-Dialog geöffnet wird, der die erforderlichen Schritte für die Einrichtung anzeigt.

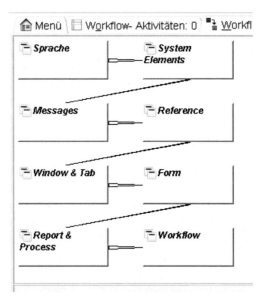

Das Workflow-Diagramm zeigt Ihnen den Weg zur Definition einer neuen Systemsprache an.

Beachten Sie, dass für die Verwendung einer anderssprachigen Menüführung die Installation eines entsprechenden Language Packs erforderlich ist (siehe oben). Sie können die Sprache aber auch durchaus selbst ändern. Das ist zwar mit einem erheblichen Aufwand verbunden, hilft Ihnen aber, das System besser kennenzulernen. Folgen Sie dazu dem Verweis *Übersetzung* im Menü *Einstellungen System*. Auf dem zugehörigen Dialog können Sie die Menüs, die Meldungen, Register, Prozesse, Formulare etc. in die gewünschte Sprache lokalisieren.

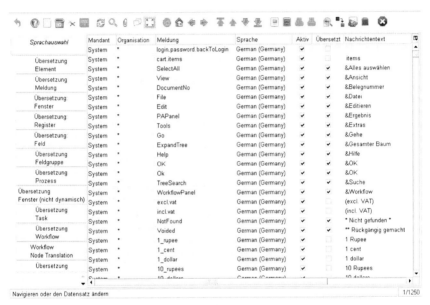

Sie können die unterschiedlichen Bereiche und Funktionen Ihrer ADempiere-Installation auch selbst eindeutschen.

Zur Grundkonfiguration Ihres Systems gehört auch, dass Sie die Ländereinstellungen und damit den Standort des ADempiere-Servers bestimmen. Diese Einstellungen finden Sie ebenfalls unter *Einstellungen System*. Mit einem Klick auf *Land, Region, Stadt* öffnen Sie die entsprechenden Einstellungen. Der gleichnamige Dialog präsentiert Ihnen drei Register. Auf dem Register *Land* bestimmen Sie zunächst das Land. Im rechten Konfigurationsbereich können Sie auch das Format für die Postadresse anpassen. Auch die Währung ist hier vorkonfiguriert. Die Register *Region* und *Stadt* dienen der Konfiguration des Bundeslands bzw. der Stadt samt Postleitzahl.

Zur Grundkonfiguration gehört auch die Konfiguration der Dokumentenkennung. Damit legen Sie fest, wie die Abfolge der Dokumentenkennung aussehen soll. Diese Einstellungen sind wichtig, damit neue Dokumente mit einer eindeutigen ID versehen werden, die Ihren Vorstellungen entspricht.

Obwohl diese Konfiguration eigentlich den systemweiten Einstellungen zuzuordnen ist, erfolgt sie merkwürdigerweise im Menü *Ergebnisanalyse*. Öffnen Sie die zugehörigen Einstellungen über Menü *Ergebnisanalyse> Stammdaten> Nummernkreis*.

Mit dieser Funktion können Sie jedem Dokumententyp eine eigene Kennzeichnung verpassen. Dabei können Sie auch beliebige Suffixe und Präfixe verwenden. So können Sie beispielsweise für einen Dokumententyp die Abteilung, die für deren Entstehung verantwortlich ist, als Präfix verwenden und die Dokumente dann automatisch durchnummerieren lassen.

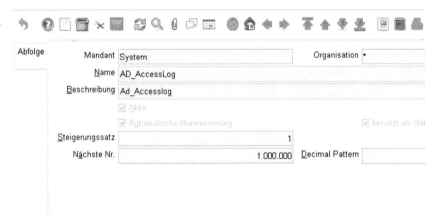

Die Einstellungen für die Dokumentenkennzeichnung.

Die Handhabung der Funktion ist einfach: Weisen Sie dem Nummerierungsschema eine Bezeichnung zu und hinterlegen Sie unter *Beschreibung* eine Beschreibung, damit auch Dritte etwas mit der Einstellung anfangen können.

Aktivieren Sie die automatische Nummerierung mit der Option *Automatische Nummerierung*. Unter *Steigerungssatz* bestimmen Sie den Wert, um den die Nummerierung von Dokument zu Dokument wächst.

Anpassung der Grundkonfiguration

In den Eingabefeldern *Vorwert* und *Endung* geben Sie die gewünschten Bezeichnungen ein, um die der Name erweitert werden soll. Soll die Dokumentenbezeichnung im ADempiere-System auch als Record-ID verwendet werden, die das Dokument systemintern eindeutig kennzeichnet, aktivieren Sie zusätzlich die Option *benutzt als Beleg ID*.

Zur Belegnummerierung gehören natürlich auch die Dokumententypen. In ADempiere werden durch den Dokumententyp Parameter, Steuer- und Verarbeitungsregeln definiert. Auch der Name des Dokuments ist damit gemeint.

Wie die Dokumentennummerierung erfolgt auch die Verwaltung der Dokumententypen im Menü *Ergebnisanalyse*, genauer unter *Ergebnisanalyse> Stammdaten> Belegart*. Der zugehörige Dialog erlaubt wieder das Erstellen neuer Dokumententypen bzw. Belegarten.

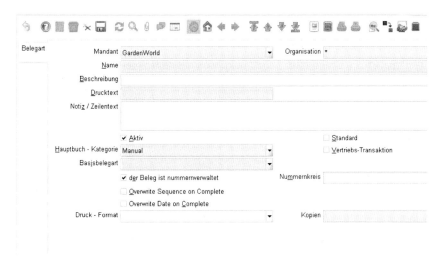

Hier entstehen neue Belegtypen.

Nach einer Standardinstallation verfügt das System über keine Dokumententypen. Diese müssen – wie viele andere Dinge auch – zuerst erstellt werden. Beim ersten Zugriff auf den Dokumententypdialog können Sie direkt mit dem Erstellen eines ersten Typs beginnen. Das zeigen Ihnen die bereits vorhandenen Formularfeldangaben ** *New* ** an.

Weisen Sie dem ersten Typ eine Bezeichnung, eine Beschreibung und einen Ausgabetext an. Den eigentlichen Typ bestimmen Sie über das Auswahlmenü *Basisbelegart*. Hier können Sie beispielsweise folgende Typen wählen:

- Rechnung
- Lieferschein
- Bestellung
- Zahlung
- Memorandum
- Gutschrift

Dokumententypen sind gleichbedeutend mit Belegtypen. Sie können außerdem den Dokumententyp für Rechnungen und Lieferungen definieren. Auch auf diese Funktionen kommen wir im weiteren Verlauf dieses Buchs noch detailliert zu sprechen.

Damit haben Sie einige essenzielle Funktionen des ADempiere-Systems kennengelernt. Als Nächstes schauen wir uns die vorgestellten Funktionen und weitere genauer an.

3 Geschäftspartner

ADempiere hat eine derartige Fülle an Funktionen zu bieten, dass man kaum weiß, wo man am besten anfangen soll. Der eine befasst sich nach der Grundkonfiguration am liebsten zunächst mit der Produktverwaltung, andere interessieren sich mehr für Verkaufseinstellungen, wieder andere wollen sich zuerst mit finanziellen Dingen auseinandersetzen.

Da ADempiere in erster Linie eine CRM-Lösung ist, macht es natürlich Sinn, sich zuerst mit den Funktionen zu befassen, die die Geschäftspartner betreffen. In der ADempiere-Umgebung ist ein Geschäftspartner ein Eintrag, mit dem Sie (hoffentlich gute) Geschäfte machen. ADempiere kennt drei unterschiedliche Typen an Geschäftspartnern:

- Verkäufer
- Kunden
- Beschäftigte

Anhand dieser drei Typen erkennen Sie, dass der Ansatz von ADempiere sehr weit gefasst ist – weiter als bei vielen anderen Systemen. Ein Geschäftspartner kann natürlich auch die genannten Typen miteinander kombinieren. Da ADempiere nicht nur Kunden und Verkäufer als Geschäftspartner definiert, sondern auch die Beschäftigten eines Unternehmens, ist es sinnvoll, sich diesen Einstellungen zuerst zu widmen.

In der Regel weist man einem Geschäftspartner einen oder auch mehrere Standorte zu. Natürlich gehören auch Kontakte zu einem Geschäftspartner. Sie sind durch weitere Eigenschaften gekennzeichnet, beispielsweise durch folgende:

- Bankverbindung
- Daten zur Steuer
- Geschäftsbereiche

Natürlich kann es auch unter Ihren Geschäftspartnern von Ihnen abhängige und unabhängige Geschäftsbeziehungen geben. ADempiere ist derart flexibel und leistungsfähig ausgestattet, dass es nahezu jede beliebige Konstellation abbilden kann.

Die Geschäftspartnerfunktionen haben eine Vielzahl weiterer interessanter Funktionen zu bieten. Sie können beispielsweise Rechnungen für Ihre Kunden für einen bestimmten Zeitraum sammeln und eine Sammelrechnung erstellen. Sie können außerdem unterschiedliche Zahlungsziele definieren.

Wenn Sie bereits über Daten von bestehenden Partnern verfügen, ist auch das kein Problem: Sie können diese Daten einfach in das ADempiere-System importieren.

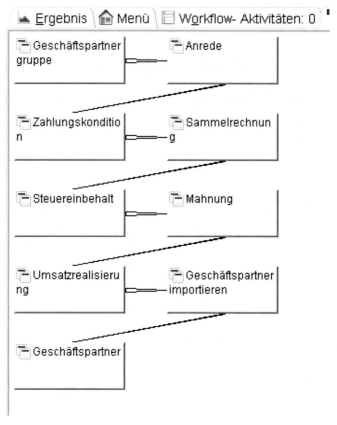

Der Ablauf beim Erzeugen eines Geschäftspartners.

3.1 Das Einrichten eines Geschäftspartners

Die Funktionen für Ihre Geschäftspartner finden Sie im Menü *Geschäftsbeziehungen> Einstellungen Geschäftspartner*. Für die Einrichtung eines Geschäftspartners klicken Sie auf *Einrichtung Geschäftspartner*. Anhand des Icons erkennen Sie, dass ADempiere einen typischen Workflow-Dialog öffnet.

Die erforderlichen Schritte:

1. Zunächst erzeugen Sie eine Geschäftspartnergruppe.
2. Dann hinterlegen Sie Ihr Grußwort bzw. die Anrede.
3. Im nächsten Schritt bestimmen Sie die Zahlungsbedingungen.
4. Dann die Einstellungen für die Sammelrechnung.
5. Es folgen die Einstellungen für die Steuer.
6. Dann die Einstellungen für die Mahnungen.
7. Dann sind die Einstellungen für die Umsatzrealisierung.
8. Im nächsten Schritt können Sie bestehende Daten von Geschäftspartnern importieren.
9. Im letzten Schritt hinterlegen Sie die Daten des Partners.

Wie Sie es von Workflow-Dialogen inzwischen kennen, finden Sie im unteren Bereich einige Informationen zu den jeweiligen Schritten. Um die einzelnen Schritte abzuarbeiten, klicken Sie auf das entsprechende Icon im Workflow-Dialog. Schauen wir uns die einzelnen Schritte genauer an.

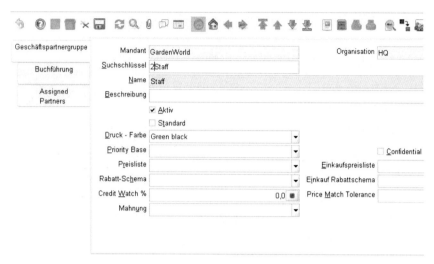

Die Einstellungen einer Geschäftspartnergruppe.

3.1.1 Geschäftspartnergruppe

Die von dem Workflow-Diagramm vorgegebenen Schritte sind nicht verbindlich, aber sie zeigen Ihnen gerade beim Einstieg in das System den „richtigen" Weg zum Erstellen eines Geschäftspartnereintrags. Wenn Sie bereits eine Gruppe erzeugt haben, können Sie jederzeit mit einem anderen Schritt fortfahren.

Wenn Sie allerdings erste Schritte in der Umgebung unternehmen, sollten Sie sich an den vorgegebenen Weg halten. Im ersten Schritt erzeugen Sie eine Geschäftspartnergruppe. Dazu klicken Sie einfach auf das Icon *Geschäftspartnergruppe*.

Mit dieser Funktion können Sie ähnlich einer Benutzergruppe eine Einheit schaffen, der Sie dann gezielt die Benutzer zuordnen. Den Gruppenmitgliedern weisen Sie dabei spezifische Gruppeneigenschaften zu.

Sie könnten beispielsweise eine Gruppe Beschäftigte, eine Gruppe Lieferanten, eine Gruppe Dienstleister, eine Gruppe Kunden A und eine Gruppe Kunden B erzeugen.

Wie fein Sie Ihre Geschäftspartner in unterschiedliche Gruppen einteilen, ist natürlich von der Struktur Ihres Unternehmens abhängig. Sie können beispielsweise auch Ihre Mitarbeiter in verschiedene Gruppen packen, beispielsweise in eine Gruppe Führungsteam, eine Gruppe Ingenieure, eine Gruppe Buchhaltung, eine

Gruppe Außendienstmitarbeiter, eine Gruppe freie Mitarbeiter etc. Wichtig ist nur, dass Sie die bestehenden Strukturen optimal abbilden.

Um eine erste Gruppe zu erstellen, klicken Sie wie gewohnt auf den New-Record-Button. In dem Formular sind folgende Einstellungen vorzunehmen:

- **Mandant**: Hier wählen Sie aus dem Auswahlmenü den gewünschten Tenant aus.
- **Organisation**: Hier bestimmen Sie die organisatorische Einheit, der Sie die Gruppe zuweisen wollen.
- **Suchschlüssel**: Hier geben Sie den Suchschlüssel für die Suche innerhalb des Systems an.
- **Name**: In diesem Eingabefeld weisen Sie der Gruppe eine Bezeichnung zu, also beispielsweise *Mitarbeiter_Marketing* oder *Rohstofflieferant*.
- **Beschreibung**: Dieses Feld dient dem Hinterlegen einer Gruppenbeschreibung, die Sinn und Zweck der Gruppe kurz erläutert.
- **Aktiv**: Mit diesem Kontrollkästchen aktivieren Sie die Gruppe.
- **Standard**: Mit diesem Kontrollkästchen machen Sie Ihre Gruppe zur Standardgruppe.
- **Druck - Farbe**: Mit dieser Einstellung legen Sie fest, mit welcher Farbe die Gruppenmitglieder gekennzeichnet werden. Die Standardfarbe ist schwarz.
- **Priority Base**: Hier haben Sie die Wahl zwischen drei Prioritätenstufen. Was diese genau bewirken, ist leider nicht dokumentiert.
- **Preisliste**: Hier weisen Sie der Gruppe eine der verfügbaren Preislisten zu. Dabei kann es sich beispielsweise um Exportlisten oder Bestelllisten handeln, die Sie im System hinterlegt haben.
- **Rabattschema**: Hier bestimmen Sie das Rabattschema, das Sie in der Gruppe verwenden wollen.
- **Credit Watch**: Hier bestimmen Sie den Prozentsatz des Kreditlimits.
- **Mahnung**: Hier bestimmen Sie das Mahnverfahren für diese Gruppe.
- **Confidential info**: Wenn Sie dieses Kontrollkästchen aktivieren, sind die vier folgenden Einstellungen vertraulich, also nicht für die normalen User sichtbar.
- **Einkaufspreisliste**: Hier bestimmen Sie die Preisliste für Bestellungen.

- **Einkauf Rabattschema**: Dieses Rabattschema kommt zum Einsatz, wenn für diese Gruppe kein Standardrabattschema für Bestellungen (Purchase Order) und Rechnungen definiert ist.
- **Price Match Tolerance**: Hier bestimmen Sie den Prozentsatz, um den die Rechnung schwanken kann, ohne dass eine Prüfung stattfindet.

Der Dialog *Geschäftspartnergruppe* besitzt zwei weitere Register: *Buchführung* und *Assigned Partner*. Auf dem Register *Buchführung* bestimmen Sie die Buchführungsdetails. Die Bezeichnung des Registers *Assigned Partner* spricht für sich: Hier finden Sie die Geschäftspartner, die der Gruppe zugewiesen sind. Doch wir sind noch nicht so weit, als dass Sie eigene Benutzer der Gruppe zuordnen könnten.

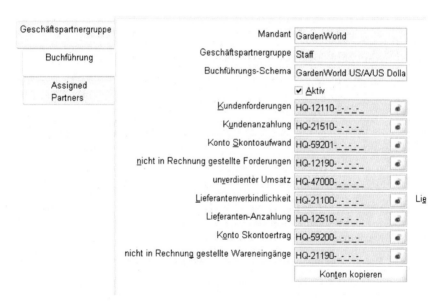

Ein Blick auf die Buchführungseinstellung und die Kontenzuordnung einer Geschäftspartnergruppe.

Das Einrichten eines Geschäftspartners 69

3.1.2 Anrede für Ihre Geschäftspartner

Der zweite Schritt dient der Konfiguration der Anrede. Klicken Sie dazu im Workflow-Diagramm auf das Anrede-Icon. Die Handhabung ist einfach: Geben Sie unter *Name* den Namen des Begrüßungstextes an. Im Eingabefeld *Anrede* hinterlegen Sie den eigentlichen Text. Soll diese Nachricht Ihr Standardgruß sein, so aktivieren Sie die Option *Standard*. Sie können für diesen Dialog auch einen übersetzten Mitteilungstext hinterlegen. Dazu führen Sie zunächst im Dialog *Greeting Benutzername* den Befehl *Extras> Einstellungen* aus. Aktivieren Sie auf dem *Einstellungen*-Dialog die Option *Übersetzungs-Register zeigen*.

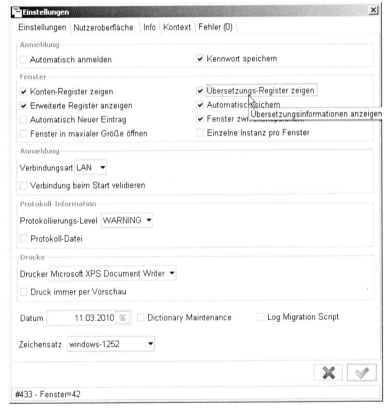

In den Dialogeinstellungen aktivieren Sie auch die Einblendung eines Übersetzungs-Registers.

3.1.3 Zahlungskonditionen

Nach diesem Schritt sind als Nächstes die Zahlungsbedingungen dran. Folgen Sie dazu im Workflow-Dialog dem Icon *Zahlungskonditionen*. Hier können Sie beispielsweise die Bedingungen für den Skonto-Abzug definieren.

Wenn Sie sich in der GardenWorld-Demo-Anwendung bewegen, werden Sie feststellen, dass dort bereits einige Zahlungsbedingungen hinterlegt sind. Neben der Bezeichnung, einem Suchbegriff und einer Beschreibung definieren Sie mit den weiteren Feldern die konkreten Bedingungen.

In der GardenWorld-Demo finden Sie bereits einige vordefinierte Zahlungsbedingungen. Eines dieser Beispiele trägt die Bezeichnung *2%10 Net 30*. Diese steht beispielsweise für eine im Handel übliche Zahlungsmethode, nach der der Kunde bei einer Zahlung der Rechnung innerhalb von zehn Tagen zwei Prozent Skonto erhält. Ansonsten ist die Rechnung innerhalb von dreißig Tagen zu begleichen.

Die weiteren Einstellungen dieses Formulars:

- **Aktiv**: Hiermit aktivieren Sie wieder die Zahlungsbedingung.

- **Fester Fälligkeitstermin**: Wenn Sie dieses Kontrollkästchen aktivieren, wird das Formular um drei weitere Felder erweitert, über die Sie das Zahlungsziel, genauer das Datum, exakt bestimmen können:
    - Fester Tag im Monat
    - Monatsdifferenz
    - Letzter Tag im Monat

- **Nach Lieferung**: Aktivieren Sie diese Option, wenn die Zahlung nach der Lieferung erfolgen soll.

- **Nächster Geschäftstag**: Soll der Kunde die Ware am nächsten Arbeitstag begleichen, so verwenden Sie diese Option.

Es folgen sieben weitere Auswahl- und Eingabefelder sowie ein Textfeld für Notizen.

- **Tage Netto**: Hier geben Sie das Zahlungsziel ohne Abzug an. Dieses kann beispielsweise 30 Tage sein.

- **Tage Rabatt**: Anzahl an Tagen ab dem Rechnungsdatum, die zum Abzug des Rabatts berechtigen.

- **Tage Rabatt 2**: Hier kann ein zweiter Wert für die Gültigkeitsdauer angegeben werden.
- **Tage Frist**: Anzahl an Tagen, nach denen eine Mahnung nach Ablauf des Zahlungsziels verschickt wird.
- **Netto Termin**: Hier können Sie einen Wochentag von Montag bis Sonntag als Zahlungsziel definieren.
- **Rabatt %**: Hier bestimmen Sie den Skonto-Prozentsatz.
- **Rabatt % 2**: Hier können Sie einen zweiten Skontowert hinterlegen, wenn Sie eine Staffelung einführen wollen. Diese Staffelung könnte beispielsweise einen Abzug von zwei Prozent bei Zahlung innerhalb einer Woche und einen Abzug von einem Prozent bei Zahlung innerhalb von vierzehn Tagen vorsehen.
- **Notiz/Zeilentext**: In diesem Textfeld können Sie eine Beschreibung für Ihre Zahlungsbedingungen hinterlegen.

Mit einem Klick auf die *Validieren*-Schaltfläche aktivieren Sie die neuen Zahlungsbedingungen.

Der Dialog für die Verwaltung der Zahlungsbedingungen besitzt ein weiteres Register *Zahlungsplan*: Hier finden Sie eine Liste aller mit der Schaltfläche *Validieren* überprüften Zahlungskonditionen. Damit ist der dritte von insgesamt neun Schritten abgearbeitet.

3.1.4 Sammelrechnung

Im nächsten Schritt landen Sie auf dem Register *Sammelrechnung*. Dieser Dialog erlaubt Ihnen das Erstellen von Rechnungstypen, in denen mehrere Rechnungen zu einer zusammengefasst werden.

Diese Art der Sammelrechnungen sind gerade bei Kunden nützlich, mit denen Sie einen sehr regen Handel führen. Für beide Seiten ist es natürlich einfacher, wenn man statt zig verschiedenen Rechnungen diese in einer zusammenfasst und statt mehreren Überweisungen nur eine zu tätigen hat.

Die Handhabung der Zusammenfassung ist einfach. Klicken Sie zunächst auf den *Neuer Eintrag*-Button, um einen neuen Eintrag zu erstellen. Bezeichnen Sie die Zusammenfassung beispielsweise mit monatlich und geben Sie unter *Beschreibung* die Informationen *Zusammenfassung der Rechnungen eines Monat*s an.

Geschäftspartner

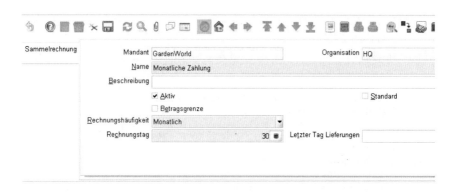

Hier entsteht eine Rechnungszusammenfassung für einen Monat.

Mit dem Kontrollkästchen *Aktiv* aktivieren Sie wieder diesen Eintrag. Von anderen Dialogen kennen Sie inzwischen auch die Möglichkeit, diese Konfiguration als Standard zu definieren. Aktivieren Sie dazu das Kontrollkästchen *Standard*.

Über *Betragsgrenze* begrenzen Sie den maximalen Rechnungsbetrag. Wenn Sie mit Ihrem Lieferanten bzw. Kunden beispielsweise einen monatlichen Maximalbetrag von 10.000 EUR vereinbart haben, so geben Sie diesen Wert im Eingabefeld *Menge* an.

Es folgt das Auswahlmenü *Rechnungshäufigkeit*. Hier legen Sie fest, für welchen Zeitraum die Zusammenfassung erfolgt. Sie haben die Wahl zwischen vier Optionen:

- Täglich
- Monatlich
- Zweimal pro Monat
- Wöchentlich

Es folgen zwei letzte Einstellungen:

- **Rechnungstag**: Hier legen Sie den Tag fest, an dem die Sammelrechnung erstellt wird. Der Standardwert ist 30 für den dreißigsten Tag im Monat.
- **Letzter Tag Lieferungen**: Zeigt den letzten Tag an, von dem noch Lieferungen in der Sammelrechnung berücksichtigt werden. Angenommen Sie

Das Einrichten eines Geschäftspartners 73

haben den Wert 15 verwendet, so werden noch Lieferungen von Tag 14 berücksichtigt.

Mit einem Klick auf das *Save Change*-Icon speichern Sie die Einstellungen.

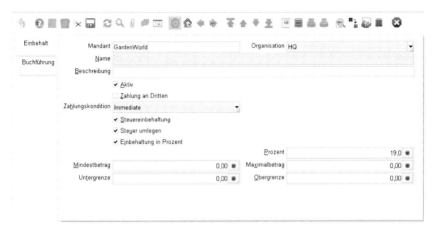

Die Steuern-Einstellungen.

3.1.5 Steuern

Es folgen mit *Steuereinbehalt* verschiedene steuerspezifische Einstellungen. Hier passen Sie die Steuern an, die für die Geschäftspartnergruppe relevant sind. Sie können dabei pro Tenant festlegen, welcher Steuersatz relevant ist. In dem etwas unübersichtlichen Dialog finden Sie mit *Prozent* die entsprechende Konfiguration. Legen Sie hier fest, ob Sie den Steuersatz 7 und/oder 19 verwenden wollen.

Geschäftspartner

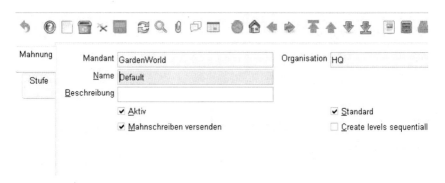

Die Konfiguration einer Mahnung.

3.1.6 Integriertes Mahnungssystem

Ein weiteres Highlight der Geschäftspartnerkonfiguration ist das integrierte Mahnwesen. Auf dessen Funktionen greifen Sie über das *Mahnung*-Icon im Workflow-Diagramm zu.

Wie gewohnt erstellen Sie über das *Neuer Eintrag*-Icon einen neuen Eintrag, wählen den Tenant und die organisatorische Einheit aus, geben einen Namen und eine Bezeichnung an.

Standardmäßig wird die neue Mahnungskonfiguration aktiviert. Sie können sie wieder über das Kontrollkästchen *Standard* zum Standard machen. Damit die Mahnung als Brief versendet wird, aktivieren Sie die Option *Mahnschreiben versenden*. Wenn Sie mehrere Mahnstufen einrichten wollen, sollten Sie außerdem die Option *Create levels sequentially* aktivieren, denn dann können Sie diese verschiedenen Stufen direkt aufeinanderfolgend erstellen.

Das Einrichten eines Geschäftspartners

Die Konfiguration der Mahnstufen.

Die eigentliche Konfiguration der Mahnungen erfolgt auf dem Register *Stufe*. Hier weisen Sie der ersten Stufe zunächst wieder eine Bezeichnung und eine Beschreibung zu. Aktivieren Sie diese wieder mit dem Kontrollkästchen *Aktiv*. Wenn Sie bereits in der ersten Mahnstufe eine Mahngebühr berechnen wollen, aktivieren Sie zusätzlich das Kontrollkästchen *Mahngebühr*. Es öffnet sich rechts daneben ein neues Eingabefeld. Hier geben Sie den Betrag der Mahngebühr ein, beispielsweise 2,50 oder 5,00.

Dann hinterlegen Sie den Text der Mahnung und eine Notiz. Mit dem Auswahlmenü *Druckformat Mahnung* bestimmen Sie dann die Vorlage, die für die Druckausgabe Ihrer Mahnung verwendet werden soll. Damit ist auch dieser Schritt abgeschlossen. Wenn Sie eine zweite Mahnstufe einrichten wollen, so muss das auf dem zuvor beschriebenen Weg erfolgen. Einen Assistenten, der beispielsweise bereits einige Eingaben auf zuvor ausgefüllten Dialogen übernimmt, besitzt ADempiere leider nicht.

3.1.7 Umsatzrealisierung

Es folgt der siebte Schritt mit der Bezeichnung *Umsatzrealisierung*. Hier stellt Ihnen ADempiere eine Funktion zur Verfügung, mit der Sie die Einnahmen ersehen können, die Sie durch die Geschäfte mit einem Geschäftspartner in einem bestimmten Zeitraum erzielt haben.

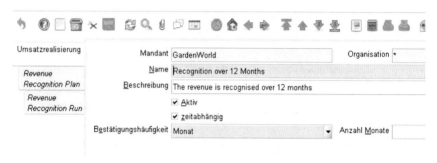

Die Einstellungen für die Einnahmenübersicht.

Sollen die Einnahmen zeitbasiert zusammengefasst werden – und das ist ja meist gewünscht –, so aktivieren Sie die Option *zeitabhängig*. Es öffnen sich zwei weitere Eingabefelder:

- **Bestätigungshäufigkeit**: Hier bestimmen Sie, wie häufig eine solche Umsatzübersicht erzeugt wird. Das Auswahlmenü stellt Ihnen drei Optionen zur Auswahl, mit denen Sie eine monatliche Übersicht, eine für ein Quartal und eine für ein Jahr erzeugen können:

    a) Monat

    b) Quartal

    c) Jahr

- **Anzahl Monate**: Wenn Sie sich für Monate entscheiden, können Sie die Anzahl an Monaten bestimmen.

Auf den beiden Registern *Revenue Recognition Plan* und *Revenue Recognition Run* finden Sie bereits erzeugte Berichte.

3.1.8 Import der Geschäftspartner

Der achte Schritt dient dem Import von Geschäftspartnerdaten. Klicken Sie zum Öffnen auf den *Geschäftspartner importieren*-Button im Workflow-Diagramm. Es öffnet sich ein umfangreicher Dialog, der alle denkbaren Informationen zu Ihren Geschäftspartnern aufweist. Den eigentlichen Import in die Datenbank starten Sie mit einem Klick auf den Button *Geschäftspartner importieren*.

Auf den Import von Daten kommen wir später noch detailliert zu sprechen. An dieser Stelle genügt es zu wissen, dass Sie flexible Importfunktionen nutzen können.

3.1.9 Geschäftspartner

Wir sind fast am Ende. Der letzte Schritt des Business-Partner-Diagramms führt Sie zum Dialog *Geschäftspartner*. Hier hinterlegen Sie die verschiedensten Informationen zu Ihrem Geschäftspartner. Über den zugehörigen Dialog stehen Ihnen sage und schreibe neun Register zur Verfügung, die Sie mit den relevanten Informationen füttern können:

- **Geschäftspartner**: Hier finden Sie in erster Linie allgemeine Kontaktdaten.
- **Kunde**: Hier kundenspezifische Informationen.
- **Kundenkonto**: Hier hinterlegen Sie die Kontodaten des Geschäftspartners.
- **Bank**: Hier hinterlegen Sie die Bankdaten des Partners.
- **Ort**: Hier die Daten des Standorts des Geschäftspartners.
- **Kontakt Name**: Hier hinterlegen Sie die Daten eines Ansprechpartners.
- **Interest Area**: Hier verwalten Sie die Interessensbereiche des Partners. Diese Daten können beispielsweise für Marketingaktionen herangezogen werden.

Schauen wir uns die einzelnen Register und deren Funktionen im Einzelnen an.

78 Geschäftspartner

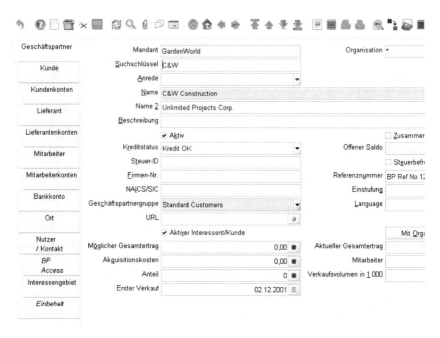

Das umfangreiche Register *Business Partner*.

Beim ersten Zugriff auf den Geschäftspartner-Dialog landen Sie auf dem gleichnamigen Register. Hier wählen Sie zunächst den Mandanten und die organisatorische Einheit aus – sofern möglich. Geben Sie dann den Namen und eventuell eine Beschreibung an.

Aktivieren Sie den Eintrag und bestimmen Sie dann die folgenden Einstellungen:

- **Zusammenfassungseintrag**: Wenn Sie diesen Eintrag als Eltern-Eintrag definieren, um eine Hierarchie von Geschäftskontakten zu erstellen.

- **Kreditstatus**: Hier bestimmen Sie den Kreditstatus eines Kontakts. Dabei können Sie mit dem zugehörigen Auswahlmenü aus fünf Einstellungen wählen:

    o Kredit Halt: Zeigt an, dass das Kreditmanagement aktiv ist und der Saldo über dem Kreditlimit liegt. Unterbindet den Versand von weiteren Bestellungen oder die Ausführung von Bestellungen.

    o Kredit OK: Zeigt an, dass das Kreditmanagement aktiv ist.

- o Kredit Stop: Hat die gleiche Bedeutung wie Kredit Halt, allerdings werden auch keine Rechnungen mehr ausgestellt.
- o Kredit beobachten: Hier ist der aktuelle Saldo 90 Prozent unter dem Kreditlimit. Der Geschäftspartner kann also weitere Bestellungen aufgeben.
- o No Credit Check: Hier ist das Kreditmanagement deaktiviert, weil man für den Partner beispielsweise keinen Kreditrahmen benötigt oder man diesem keinen einräumen will.

- **Offener Saldo**: Hier gibt das System den Betrag aus, der über dem Kreditlimit liegt.
- **Steuer-ID**: In diesem Eingabefeld hinterlegen Sie die Umsatzsteuer-ID.
- **NAICS/SIC**: Das sind nordamerikanische Einstellungen, die für die meisten Firmen in Deutschland nicht relevant sind.
- **Referenznummer**: Mit diesem Eingabefeld weisen Sie dem Geschäftspartner eine ID zu.
- **Geschäftspartnergruppe**: Je intensiver Ihre Geschäftsaktivitäten werden, umso mehr steigt auch die Zahl der Geschäftspartner. Über dieses Auswahlmenü können Sie den Kontakt einer von drei Gruppen zuweisen: Belegschaft, Standardkunden oder Lieferanten.
- **URL**: In diesem Eingabefeld hinterlegen Sie die URL der Website des Geschäftspartners.
- **Aktiver Interessent/Kunde**: Aktivieren Sie dieses Kontrollkästchen, wenn der Partner ein potenzieller (Neu-)Kunde ist.
- **Mit Organisation verknüpfen**: Wenn es sich bei Ihrem Geschäftspartner um eine andere organisatorische Einheit handelt, so können Sie mit einem Klick auf die Schaltfläche *Mit Organisation verknüpfen* einen entsprechenden Eintrag in Ihrer Datenbank erzeugen. In dem zugehörigen Dialog wählen Sie diese Einheit aus, bestimmen deren Typ und beschränken den Zugriff auf eine bestehende Rolle.

80 Geschäftspartner

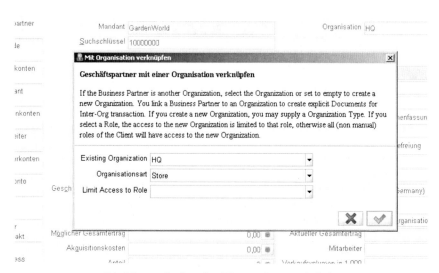

Die Eigenschaften der Unternehmenseinheit.

Im unteren Bereich können Sie acht weitere Einstellungen für Ihren Partner definieren, beispielsweise das geschätzte Umsatzvolumen, die Mitarbeiterzahl und die Kosten für die Akquisition.

Nachdem Sie mit dem Register *Geschäftspartner* die allgemeinen Eigenschaften des (potenziellen) Geschäftspartners hinterlegt haben, bestimmen Sie als Nächstes über die Register *Kunde*, *Lieferant* und *Mitarbeiter*, ob es sich bei dem Kontakt um einen Kunden, einen Lieferanten oder einen Beschäftigten handelt. Prinzipiell kann ein Eintrag alle drei Eigenschaften besitzen.

Zunächst machen wir den zuvor erzeugten Geschäftspartner zu einem Kunden. Dazu wechseln Sie zum Register *Kunde* und aktivieren das gleichnamige Kontrollkästchen. Es öffnet sich eine Vielzahl an Einstellungen, die es anzupassen gilt.

Das Einrichten eines Geschäftspartners

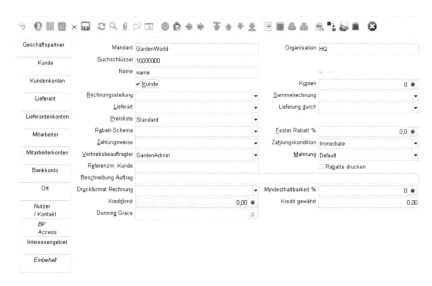

Auf diesem Register machen Sie Ihren Geschäftspartner zum Kunden.

Die Einstellungen im Einzelnen:

- **Kopien**: Hier bestimmen Sie die Anzahl an Kopien, die gedruckt werden sollen. Diese Kopien können dann in einer Abteilung an relevante Mitarbeiter verteilt werden. In der Regel können Sie die Standardkonfiguration 0 beibehalten, bei der kein Ausdruck erfolgt.

- **Rechnungsstellung**: In diesem Auswahlmenü bestimmen Sie, wann die Rechnung für eine Ware erstellt wird. Sie haben die Wahl zwischen vier Optionen:
    - Nach Lieferung: Hier erfolgt die Rechnungsstellung erst nach dem Versand.
    - Sofort: Hier erfolgt die Rechnungsstellung sofort.
    - Nach Lieferung Auftrag: Hier nach der Zustellung.
    - Kundenintervall nach Lieferung: Hier nach einem definierbaren Zeitplan nach Zustellung.

- **Sammelrechnung**: Hier wählen Sie die eingerichtete Sammelrechnung aus.

- **Lieferart**: Hier bestimmen Sie die Regeln, nach denen die Zustellung erfolgt. Sie können diese beispielsweise erzwingen, von der Verfügbarkeit abhängig machen oder manuell auslösen.

- **Lieferung durch**: Hier bestimmen Sie die Zustellmethode, also beispielsweise Selbstabholer oder Versand.

- **Preisliste**: Über dieses Auswahlmenü bestimmen Sie die Preisliste. Es versteht sich von selbst, dass „normale" Kunden Waren zu anderen Konditionen einkaufen als Händler.

- **Rabatt-Schema**: Sie können Ihrem Kunden außerdem eines der oben definierten Rabattschemas zuordnen.

- **Fester Rabatt %**: Alternativ können Sie auch einen Pauschalrabatt in Prozent definieren.

- **Zahlungsweise**: In diesem Auswahlmenü bestimmen Sie die Zahlungsmethode, also ob der Kunde beispielsweise bar oder auf Pump kauft.

- **Zahlungsbedingungen**: Dient der Auswahl der Zahlungsbedingungen.

- **Vertriebsbeauftragter**: Hier bestimmen Sie den Mitarbeiter in Ihrem Unternehmen, der für diesen Geschäftskontakt zuständig ist.

- **Rabatt drucken**: Wenn Sie dieses Kontrollkästchen aktivieren, wird der Rabatt auch in den Rechnungen ausgedruckt.

- **Beschreibung Auftrag**: In diesem Textfeld ist Platz für eine Beschreibung.

- **Druckformat Rechnung**: Dieses Auswahlmenü erlaubt die Auswahl einer Vorlage für das Drucken von Rechnungen.

- **Mindesthaltbarkeit %**: Mit dieser Konfiguration sorgen Sie dafür, dass immer ein gewisser Warenbestand (in Prozent) vorrätig ist.

- **Kreditlimit**: Hier bestimmen Sie den maximalen Kreditrahmen.

- **Kredit gewährt**: Wenn Ihr Geschäftspartner bereits einen Teil des Kreditrahmens beansprucht, so wird dieser Wert hier angezeigt.

Das Einrichten eines Geschäftspartners 83

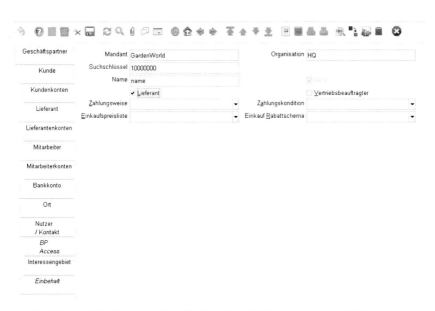

Auf diesem Register machen Sie den Geschäftspartner zum Lieferanten.

Wenn Sie Ihren Geschäftspartner zum Lieferanten machen wollen, so wechseln Sie zum Register *Lieferant* und aktivieren auch hier das gleichnamige Kontrollkästchen. Aktivieren Sie außerdem das Kontrollkästchen *Vertriebsbeauftragter*, wenn Ihr Kontakt ein Unternehmen vertritt. Die weiteren Einstellungen:

- **Zahlungsweise**: Mit diesem Auswahlmenü bestimmen Sie die Zahlungsoption.
- **Zahlungskondition**: Hier die Zahlungsbedingungen für eine Bestellung (purchase order).
- **Einkaufspreisliste**: Hier bestimmen Sie die Preisliste für den Kunden.
- **Einkauf Rabattschema**: Hier bestimmen Sie entsprechend das eingerichtete Rabattschema.

Die Handhabung des Mitarbeiter-Dialogs ist einfach: Hier aktivieren Sie einfach das Kontrollkästchen *Mitarbeiter* und schon ist der Geschäftspartner ein Angestellter. Außerdem können Sie mit dem Kontrollkästchen *Vertriebsbeauftragter* den Angestellten zum Repräsentanten Ihres Unternehmens machen.

So einfach ist es, einen Geschäftspartner zum Mitarbeiter zu machen.

Das nächste Register trägt die Bezeichnung *Bankkonto*. Hier tragen Sie Bankdaten Ihres Geschäftspartners ein. Zunächst wählen Sie den User bzw. den Kontakt aus und aktivieren die Konfiguration mit *Aktiv*. Mit dem Kontrollkästchen *Überweisung/Lastschrift* aktivieren Sie außerdem die Verwendung einer automatischen Abrechnungsstelle. Wenn Sie diese Option aktivieren, werden drei weitere Eingabefelder für die Angabe der Bankverbindung angezeigt.

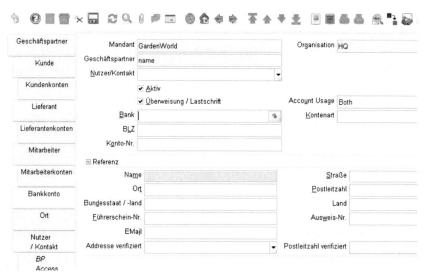

Die Einstellungen für das Bankkonto des Geschäftspartners.

Die folgende Beschreibung geht davon aus, dass Sie die Option *Überweisung/Lastschrift* aktiviert haben. Ist das der Fall, bestimmen Sie mit dem Auswahlmenü *Account Usage*, ob das Konto für Überweisungen, Abbuchungen, beide oder keine Transaktionen verwendet werden darf.

Es folgen die Felder für die eigentlichen Bankdaten, also Kontonummer, Bankleitzahl sowie internationale Bankdaten. Im Bereich *Referenz* geben Sie insbesondere die Adresse des Kreditinstituts an.

> **Hinweis**
>
> Vermutlich ist es Ihrer Aufmerksamkeit nicht entgangen, dass ADempiere auf seinen vielen Formularen manche Felder rosa hinterlegt. Sie ahnen es: Ja, diese Felder müssen von Ihnen ausgefüllt werden.

Die Location-Einstellungen.

Es folgt das Register *Ort*. Hier weisen Sie dem Standort eine Adresse, eine Rufnummer, ein Fax und eine ISDN-Leitung zu. Ist die Adresse auch die Liefer- und Rechnungsadresse, aktivieren Sie die Kontrollkästchen *Liefer-Adresse* und *Rechnungs-Adresse*.

Mit dem nächsten Register hinterlegen Sie die Kontaktdaten eines Benutzers Ihres Geschäftspartners. Hierzu steht Ihnen ein typisches Kontaktformular zur Verfügung, das Sie mit allen Ihnen zur Verfügung stehenden Daten wie Adresse, Geburtstag, Position etc. füllen.

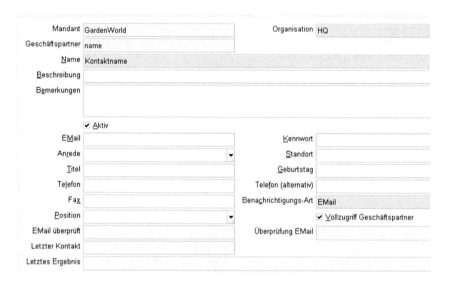

In diesem Formular hinterlegen Sie die Kontaktdaten Ihres Kontakts.

Es folgen drei weitere Register: *BP Access*, *Interessengebiet* und *Einbehalt*. Auf dem Register *BP Access* steuern Sie den Zugriff auf die Daten und Einstellungen des Business-Partners. Hier können Sie steuern, wer Zugriff hat und welcher Zugriffstyp unterstützt wird. Sie haben die Wahl zwischen drei Typen:

- **Assets, Download**: Hier haben Sie vollen Zugriff.
- **Business Documents**: Hier nur auf den Partner betreffende Dokumente.
- **Requests**: Hier können Sie Anfragen an den Geschäftspartner stellen.

Weitere Besonderheiten hat der BP-Access-Dialog nicht zu bieten.

Das Einrichten eines Geschäftspartners 87

Die Auswahl des Zugriffstyps.

Den Abschluss der Geschäftspartnereinstellungen bilden die Register *Interessengebiet* und *Einbehalt*. Auf dem Register *Interessengebiet* können Sie die Interessensbereiche definieren bzw. diese dem Kontakt zuordnen. Bei einer Neuinstallation sind keinerlei Einträge verfügbar, die Sie Ihrem Geschäftspartner zuweisen könnten. Sie müssen erst erzeugt werden. Dazu klicken Sie mit der rechten Maustaste in das Textfeld *Interessengebiet* und führen den Befehl *Zoom* aus.

Auf dem Register *Einbehalt* bestimmen Sie, ob der Einbehalt aktiviert werden soll und verpflichtend ist.

Bezüglich der Geschäftspartner hat ADempiere eine Vielzahl weiterer Funktionen zu bieten. Die meisten sind über das Menü *Geschäftsbeziehungen> Einstellungen Geschäftspartner* verfügbar.

Zu den weiteren Funktionen gehören beispielsweise die Prüfung von Zahlungseingängen, das Erzeugen einer Liste mit allen relevanten Informationen über die Geschäftspartner, das Erstellen von Beziehungen zwischen den Partnern und die Verwaltung von Leads, also potenziellen Kunden. Auch der Umgang mit Anfragen von (potenziellen) Kunden und deren Bearbeitung ist ein wichtiges Element beim Umgang mit dem ADempiere-System. Nicht zu vergessen die Services, die Ihr Unternehmen anbietet.

3.1.10 Beziehungen zwischen Geschäftspartnern

Sie können mithilfe von ADempiere nicht nur Geschäftskontakte erstellen, sondern auch zwischen diesen Geschäftspartnern Beziehungen herstellen. Dann können Sie beispielsweise eine Lieferung von Ware A an den Partner B verschicken, und die Rechnung dann an Partner C schicken. Derartige Szenarien sind ja in der heutigen Geschäftswelt gang und gäbe.

Derlei Beziehungen lassen sich mit dem Menü *Beziehung Geschäftspartner*, ein Untermenü von *Einstellungen Geschäftspartner*, abbilden. Mit einem Klick auf das Icon öffnen Sie den Beziehungen-Dialog, der Ihnen lediglich das Register *Relation* präsentiert.

In Vorgängerversionen waren die Einträge auf einzelnen Seiten zu finden, nun geht das ADempiere-System nach und nach dazu über, diese in Tabellenform zu präsentieren – und das nicht nur bei diesem Dialog. Ob man es nun lieber tabellarisch oder aber seitenweise mag, ist sicherlich auch eine Frage des eigenen Geschmacks. Beide Darstellungen haben Vor- und Nachteile. Die seitenweise Präsentation der Daten und Einstellungen ist sicherlich zum Eintragen und zur Detailansicht einfacher zu nutzen bzw. zu erfassen. Um aber einen Überblick über die Einträge zu erhalten, ist sie weniger geeignet. Hier ist die Tabellenform sicherlich die bessere Wahl.

Glücklicherweise können Sie bei fast allen Dialogen zwischen der Einzel- und Tabellenansicht hin- und herschalten. Dazu klicken Sie einfach auf den *Liste/Einzelsatz*-Button in der Symbolleiste.

Damit Sie Geschäftsbeziehungen zwischen zwei Partnern herstellen können, müssen diese natürlich in der Geschäftspartnerkonfiguration hinterlegt sein. Ist das der Fall, öffnen Sie den Beziehungsdialog und bestimmen in dem tabellarischen Formular die Beziehungen zwischen zwei Partnern.

Das Formular gibt Ihnen den Mandanten und die organisatorische Einheit vor. Sie können aber noch fast ein Dutzend Einstellungen für die jeweilige Partnerbeziehung definieren. Klicken Sie wie gewohnt auf das *Neuer Eintrag*-Icon, um einen neuen Eintrag zu erstellen.

Die Einstellungen im Einzelnen:

- **Name**: In diesem Eingabefeld weisen Sie der Beziehung eine Bezeichnung zu.
- **Beschreibung**: Hier hinterlegen Sie eine Beschreibung für den Eintrag.
- **Aktiv**: Versehen Sie dieses Kontrollkästchen mit einem Haken, um den Eintrag zu aktivieren.
- **Geschäftspartner**: Hier bestimmen Sie den Partner, den Sie mit einem zweiten verknüpfen wollen. Mit einem Klick auf das in dem Feld befindliche Icon öffnen Sie den Business-Partner-Info-Dialog. Dazu später mehr.
- **Standort**: In diesem Eingabefeld hinterlegen Sie den Standort des ersten Partners.

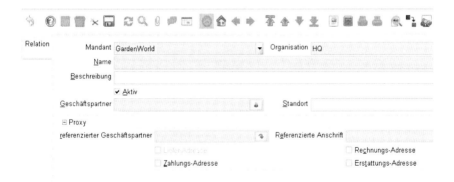

Die Einstellungen für die Verknüpfung von Geschäftspartnern.

- **Referenzierter Partner**: Hier bestimmen Sie den Partner des zuvor ausgewählten Partners.
- **Referenzierte Anschrift**: Hier bestimmen Sie den Standort des zweiten Partners.

- **Liefer-Adresse**: Aktiviert die Partneradresse als Lieferadresse.
- **Rechnungs-Adresse**: Bestimmt diese Adresse als Rechnungsanschrift.
- **Zahlungs-Adresse**: Aktivieren Sie dieses Kontrollkästchen, wenn die Rechnung auch von diesem Partner beglichen wird.
- **Erstattungs-Adresse**: Wenn Zahlungen von diesem Partner übernommen werden, aktivieren Sie dieses Kontrollkästchen.

Wenn Sie im Feld *referenzierte Geschäftspartner* die Option *Rechnungs-, Zahlungs-* und *Erstattungs-Adresse* aktiviert haben, so muss dies auch entsprechend im Dialog *Geschäftspartner* auf dem Register *Ort* konfiguriert sein.

Die Informationen zu den Geschäftspartnern im Überblick.

3.1.11 Informationen über Geschäftspartner

Bislang haben Sie zwar den einen oder anderen Geschäftspartner eingerichtet, aber es fehlt noch ein übergreifender Blick auf die Einstellungen und Transaktionen, die einen Geschäftspartner betreffen.

Das Einrichten eines Geschäftspartners

Hierfür stellt Ihnen ADempiere die Funktionen des Dialogs *Geschäftspartner-Info* zur Verfügung. Damit haben Sie einen vollständigen Blick auf Ihre Geschäftspartner. Auf einen Blick können Sie diesem Dialog beispielsweise entnehmen, mit welchem Betrag ein Kunde bei Ihnen in der Kreide steht. Die Übersicht zeigt Ihnen auch an, ob es sich bei dem Partner um einen Kunden, einen Lieferanten, einen Mitarbeiter oder eine Kombination dieser drei Eigenschaften handelt.

Neben diesen allgemeinen Informationen können Sie über weitere Register beispielsweise die Informationen über getätigte Lieferungen oder Bestellungen entnehmen.

Die Details zu den Geschäftspartnern.

Konkret zeigt Ihnen der Info-Dialog folgende Daten an: Tenant, organisatorische Einheit, Suchschlüssel, Name, Beschreibung, Status, Geschäftspartnergruppe, offene Beträge, Kunden, Lieferant, Repräsentant des Unternehmens und Beschäftigter.

Die Funktion der weiteren Register ist nahezu selbsterklärend. Wichtig dabei: Die Informationen auf den weiteren Registern beziehen sich immer auf den Kontakt, den Sie auf dem Register *Auswahl* durch Markierung ausgewählt haben. Die weiteren Register liefern folgende Informationen:

- **Aufträge**: Hier werden die Bestellungen des Geschäftspartners angezeigt.
- **Lieferungen**: Auf diesem Register werden die Sendungen an den Partner ausgeführt.

- **Rechnungen**: Hier die Rechnungen an den ausgewählten Geschäftspartner.
- **Zahlungen**: Hier werden die Zahlungen des Partners aufgeführt.
- **Assets**: Hier werden die Güter des Partners mit der Asset-Gruppe, einer Produktbezeichnung, einer Seriennummer etc. angezeigt.
- **Anfrage**: Auf dem letzten Register werden die Anfragen von Kunden und Lieferanten samt Status, Priorität etc. angezeigt.

3.1.12 Vertreterinformationen

In vielen Branchen spielen die Aktivitäten von Vertretern für den Unternehmenserfolg eine zentrale Rolle. Auch für derlei Anforderungen ist ADempiere gerüstet. Im Menü *Vertreterinfo* finden Sie die wichtigsten Daten für Ihre Vertreter.

Ihre Außendienstmitarbeiter können diese Informationen beispielsweise nutzen, um Ihre Bestellungen zu prüfen. Beachten Sie, dass diese Daten nur lesbar sind.

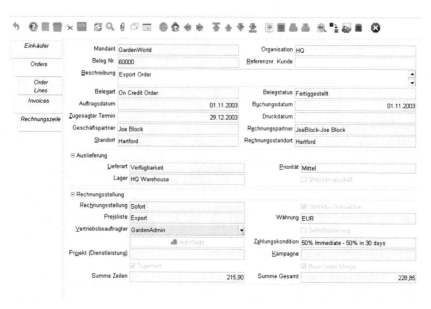

Die Details von einer Bestellung, die ein Vertreter entgegengenommen hat.

Auch hier stehen Ihnen wieder verschiedene Register zur Verfügung:

- **Einkäufer**: Auf diesem ersten Register finden Sie verschiedene allgemeine Informationen zu Ihren Vertretern. Dazu gehören auch die E-Mail-Adresse, das Geburtsdatum etc.

- **Orders**: Hier finden Sie die Bestellungen, für die der auf dem Register *Company Agent* markierte Vertreter verantwortlich ist. Wichtige Daten sind hier beispielsweise die Dokumentennummer (Document No) und das Bestellzeichen (Order Reference). Zu jeder Bestellung gehören neben den Angaben zur Ware auch Informationen zur Verfügbarkeit, der Rechnungsstellung, den Zahlungsbedingungen etc.

- **Order Lines**: Hier finden Sie alle Zeilen einer Bestellung.

- **Invoices**: Hier die Rechnungen.

- **Rechnungszeile**: Und hier zusammengefasste Rechnungen.

4 Produkte verwalten

Unternehmen sind dazu da, um mit Waren und/oder Dienstleistungen zu handeln. In der Regel ist es das Unternehmensziel, aus deren Verkauf einen höchstmöglichen, zumindest aber einen angemessenen Gewinn zu erzielen.

Da Produkte bzw. Dienstleistungen nun einmal das A und das O Ihres Unternehmens sind, verfügt ADempiere über sehr umfangreiche Funktionen für deren Verwaltung.

4.1 Produkte und Dienstleistungen in ADempiere

Für ADempiere ist ein Produkt etwas, das Sie verkaufen oder kaufen. Es besitzt außerdem einen Preis. Ob Sie mit „echten" Produkten oder Dienstleistungen „handeln", ist der Business-Lösung gleich.

Ein wichtiger Begriff ist in diesem Zusammenhang der des Assets. Ein Asset ist etwas, das Sie für sich verkaufen bzw. kaufen – im Unterschied zu einem Produkt, das Sie besitzen (auch wenn Sie nur der Wiederverkäufer sind). Sie können Assets individuell verfolgen und verwalten. Daher können Assets auch mehrere Rollen im System spielen.

Der Umgang mit Produkten ist – zumindest für den Einstieg – recht aufwendig. Bevor Sie Ihre ersten Produkte einrichten können, müssen Sie zunächst ein Lager und einen Locator anlegen. Standardmäßig ist ADempiere so konfiguriert, dass Locatoren mit einer höheren Priorität zuerst für den Versand verwendet werden.

Als Nächstes definieren Sie Maßeinheiten. Dann richten Sie die Produktkategorien ein, die mit den Geschäftspartnergruppen vergleichbar sind. Im nächsten Schritt sind dann in der Regel steuerliche Dinge zu definieren.

Erst dann kommt das Erstellen der eigentlichen Produkte. ADempiere kennt zwei Produkttypen:

- Waren
- Dienstleistungen

Auf den Unterschied zwischen beiden Typen muss hier nicht näher eingegangen werden, denn der ist jedermann aus dem Alltag bekannt.

Neben diesen beiden Typen kennt ADempiere noch zwei indirekte Produkttypen: Ressourcen und Ausgaben. Sie können die folgenden Produkteigenschaften definieren:

- Materialliste
- Ersatzartikel
- Lager auffüllen
- Kalkulation
- Preis
- Abrechnung

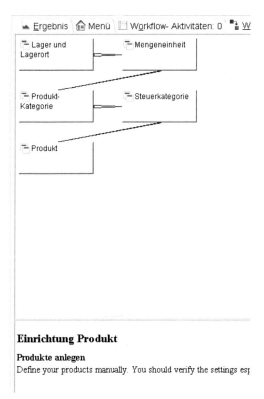

Das Workflow-Diagramm zeigt Ihnen den Weg zum ersten Produkt.

Schauen wir uns zunächst den Weg zum Erstellen eines Produkts an. Die wichtigsten Schritte sind bereits skizziert. Nun ist es an der Zeit, sich diese detailliert anzuschauen.

4.2 Der Weg zum ersten Produkt

Die Funktionen für das Erstellen eines Produkteintrags samt den zuvor beschriebenen Schritten sind über das Menü *Materialwirtschaft> Einstellungen Materialwirtschaft* verfügbar. Mit einem Klick auf das Workflow-Icon *Einrichtung Produkt* öffnet sich obiger Dialog, über den Sie alle notwendigen Schritte ausführen. Im unteren Bereich des Workflow-Dialogs finden Sie wieder kurze Beschreibungen zu den einzelnen Schritten sowie die Vor- und Zurückschaltfläche, über die Sie zwischen den verschiedenen Schritten navigieren können.

Die weiteren Funktionen des Menüs *Materialwirtschaft*.

Wie Sie voranstehender Abbildung entnehmen können, finden Sie im Menü *Materialwirtschaft* eine Vielzahl weiterer produktspezifischer Funktionen. Neben den Funktionen für das Erstellen beispielsweise solche für die Produkteigenschaften, unterschiedliche Transaktionen, Inventarverwaltung etc.

4.2.1 Lager erstellen

Der erste Schritt beim Erstellen eines Produkts dient dem Anlegen eines Lagers und eines Locators/Lagerorts. Klicken Sie dazu am einfachsten im Workflow-Diagramm auf das Icon *Lager und Lagerort*.

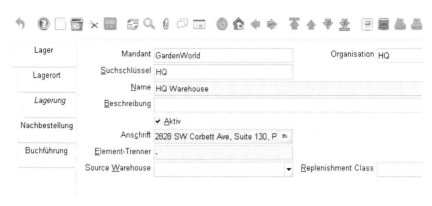

Auf diesem Dialog legen Sie ein Lager an.

Die verschiedenen Einstellungen sind auf vier Register verteilt. Erstellen Sie mit einem Klick auf das *Neuer Eintrag*-Icon einen neuen Eintrag. Sie landen automatisch auf dem Register *Lager*, auf dem Sie Ihr erstes Lager anlegen.

Auf dem Register sind zunächst die Standards *Suchschlüssel*, *Name* und *Beschreibung* anzugeben. Unter *Anschrift* geben Sie die Adresse des neuen Lagers an. Über das Icon rechts des Adressfelds steht Ihnen ein übersichtlicher Dialog für die Adresseneingabe zur Verfügung. Sie können außerdem ein Quell-Lager angeben, aus dem das neue seine Waren bezieht. Dazu wählen Sie das gewünschte Lager aus dem Auswahlmenü *Source Warehouse* aus.

Als Nächstes sind die Einstellungen des Registers *Lagerort* dran. Hier legen Sie die Koordinaten fest. Konkret werden die Angaben X, Y und Z für den Gang, die Ablage bzw. das Fach/Regal und die Ebene verwendet. Somit ist exakt die Position des Lagers definiert. Mit diesen Funktionen können Sie innerhalb einer Lagerhalle quasi beliebig viele Lager einrichten. Gerade wenn Sie „kleine" Produkte wie beispielsweise CDs verkaufen oder eine sehr große Halle nutzen, macht das Sinn.

Produkte verwalten

Die Koordinaten Ihres Lagers.

Es folgt das Register *Lagerung*. Hier präsentiert Ihnen das System eine Übersicht, welche Produkte in welchen Mengen auf Lager sind. Sie können der Übersicht auch entnehmen, wie viele Einheiten bereits verkauft wurden bzw. reserviert sind.

Mandant	Organisation	Lagerort	Produkt	Ausprägung Merkmals-S...	Aktiv	Verfügbare Menge	D:
GardenWorld	HQ	Default HQ Locator	Oak Tree		✔	20	
GardenWorld	HQ	Default HQ Locator	Elm Tree		✔	15	
GardenWorld	HQ	Default HQ Locator	Grass Seed Container		✔	12	
GardenWorld	HQ	Default HQ Locator	Rose Bush		✔	20	
GardenWorld	HQ	Default HQ Locator	Azalea Bush		✔	5	
GardenWorld	HQ	✓ Default HQ Locator	Holly Bush		✔	10	
GardenWorld	HQ	Default HQ Locator	Plum Tree		✔	18	
GardenWorld	HQ	Default HQ Locator	Patio Chair		✔	30	
GardenWorld	HQ	Default HQ Locator	Patio Table		✔	12	
GardenWorld	HQ	Default HQ Locator	Patio Sun Screen		✔	15	
GardenWorld	HQ	Default HQ Locator	Fertilizer #50		✔	40	
GardenWorld	HQ	Default HQ Locator	Mulch 10#		✔	50	
GardenWorld	HQ	Default HQ Locator	Hoe 4 ft		✔	20	
GardenWorld	HQ	Default HQ Locator	Rake Bamboo		✔	15	
GardenWorld	HQ	Default HQ Locator	Rake Metal		✔	20	
GardenWorld	HQ	Default HQ Locator	Weeder		✔	30	
GardenWorld	HQ	Default HQ Locator	Transplanter		✔	30	
GardenWorld	HQ	Default HQ Locator	Grass Seeder		✔	8	
GardenWorld	HQ	Default HQ Locator	Lawn Tiller		✔	12	

Ein Blick auf den aktuellen Lagerbestand.

Das Register *Nachbestellung* dient der Konfiguration der Nachbestellungen. Mit dieser Funktion bestimmen Sie, wie viele Einheiten Ihrer Produkte mindestens und maximal auf Lager sein müssen bzw. dürfen. Sie können hier auch festlegen, woher die Ware kommt.

Die Übersicht des Registers *Nachbestellung* listet alle Produkte mit entsprechenden Informationen auf. Interessant sind insbesonders, wenn Sie Änderungen an dem Nachfülltyp vornehmen oder erste eigene Einträge definieren wollen, die Einstellungen *Art der Wiederauffüllung* und *Mindestmenge* bzw. *Maximalmenge*.

Mit der Option *Art der Wiederauffüllung* bestimmen Sie, ob der Lagerbestand manuell oder beispielsweise beim Erreichen des unteren Werts automatisch aufgefüllt wird. Konkret haben Sie die Wahl zwischen vier Typen:

- **Manual**: Hier füllen Sie das Lager manuell auf.
- **Reorder below Minimum Level**: Bei dieser Option wird das Lager bei Erreichen des unteren Werts wieder aufgefüllt.
- **Maintain Maximum Level**: Diese Konfiguration sorgt dafür, dass immer der maximale Lagerbestand beibehalten wird.
- **Custom**: Erlaubt Ihnen, eine benutzerdefinierte Regelung zu verwenden.

Vergessen Sie nicht, in der Spalte *Source Warehouse* das Lager zu definieren, von wo die Ware kommt.

4.2.2 Mengeneinheiten

Der nächste Schritt beim Erstellen eines Produkts dient dem Einführen von Mengeneinheiten – und zwar nicht-monetären Einheiten. Auch die Konvertierung von solchen Einheiten ist in diesem Schritt möglich.

Sie greifen auf die Einstellungen für die Mengeneinheiten mit einem Klick auf das *Mengeneinheit*-Icon im Workflow-Diagramm zu. Der zugehörige Dialog präsentiert Ihnen zwei Register:

- **Mengeneinheit**: Hier erzeugen Sie Mengeneinheiten samt ihren Eigenschaften.
- **Umrechnung**: Auf diesem Register können Sie mögliche Konvertierungen definieren.

Eine typische Mengeneinheit, wie sie sich mit ADempiere definieren lässt.

Neben dem Mandanten und der organisatorischen Einheit stehen Ihnen acht weitere Konfigurationsmöglichkeiten zur Verfügung:

- **Kodierung der Mengeneinheit**: Hier tragen Sie den EDI-X12-Code für die Maßeinheit ein. Das ist ein Datenübertragungsstandard im EDI-Bereich, der hauptsächlich in den USA verwendet wird. Dieser Standard definiert Datenstrukturen, die zur Übertragung zwischen einzelnen Computersystemen verwendet werden. Der Hauptunterschied zu EDIFACT, das hauptsächlich in Europa eingesetzt wird, liegt im Aufbau der Nachricht. Hier ist eventuell der Einsatz eines Konverters empfehlenswert, der die Daten von X12 nach XML (Edifac) – und umgekehrt – umwandelt.

- **Symbol**: In diesem Eingabefeld weisen Sie dem Eintrag ein Symbol zu, das dann in der Umgebung verwendet wird.

- **Name**: Hier bestimmen Sie die Bezeichnung der Mengeneinheit.

- **Beschreibung**: In diesem Eingabefeld ist wieder Platz für einige Erläuterungen.

- **Aktiv**: Mit diesem Kontrollkästchen aktivieren Sie die Mengeneinheit. Jede neue Einheit wird automatisch aktiviert.

- **Standard**: Macht die Einheit zur Standardeinheit.

- **Standardgenauigkeit**: Hier legen Sie die Rundung bei berechneten Daten fest.

- **Kostenrechnungsgenauigkeit**: Hier, wie die Kosten abgerundet werden.

Der Weg zum ersten Produkt 103

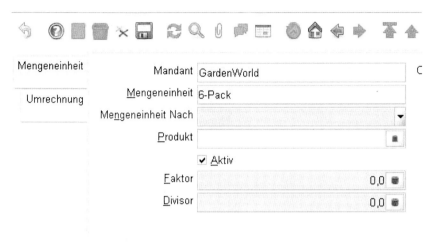

Die Einstellungen des Registers *Umrechnung*.

Auf dem Register *Umrechnung* bestimmen Sie, wie Ihre Mengeneinheit in eine andere konvertiert wird. ADempiere verfügt über einige systemimmanente Konvertierungen, die beispielsweise Minuten in Stunden und Stunden in Tage umwandeln können.

Ähnliche Konvertierungen können Sie beispielsweise für Pakete in Paletten, Tüten in Kartons, Einheiten in größeren Einheiten etc. definieren.

Die Handhabung der Konvertierungsfunktion ist einfach: Wählen Sie eine Mengeneinheit aus und wechseln Sie dann zum Register *Umrechnung*. Konfigurieren Sie die folgenden fünf Einstellungen:

- **Mengeneinheit nach**: Hier bestimmen Sie das Ziel der Konvertierung. Im Falle von Minuten könnte das Ziel Stunden sein, aber auch Sekunden – immer abhängig davon, ob Sie die Option *Multiple* oder *Divide Rate* verwenden.
- **Produkt**: Hier bestimmen Sie das Produkt.
- **Aktiv**: Mit diesem Kontrollkästchen aktivieren Sie die Konfiguration.
- **Faktor**: Hier bestimmen Sie den Multiplikationsfaktor.
- **Divisor**: Und hier entsprechend den Quotienten.

Das Interessante an dieser Funktion ist, dass Sie nach dem Erstellen solcher Konventionen in allen definierten Einheiten verschicken und abrechnen können.

4.2.3 Produktkategorien erstellen

Der nächste Schritt beim Erstellen eines ersten Produkts ist das Erstellen einer Produktkategorie. Klicken Sie im Workflow-Diagramm auf das Icon *Produktkategorie*. Es öffnet sich der Kategoriendialog. Das Erstellen einer Kategorie ist wieder einfach: Erstellen Sie wie gewohnt einen neuen Eintrag für Ihre Produktkategorie mit einem Klick auf *Neuer Eintrag*.

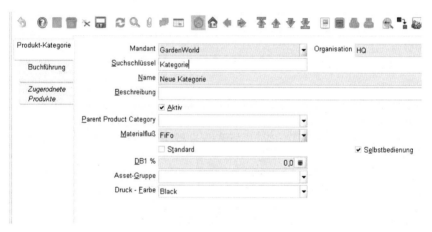

Eine neue Produktkategorie entsteht.

Sie müssen Ihrer neuen Kategorie einen Tenant, eine organisatorische Einheit, eine Bezeichnung, eine Materialrichtlinie (Material Policy) und eine geplante Handelsspanne (Margin) zuweisen.

Bei der Materialrichtlinie haben Sie die Wahl zwischen zwei Optionen:

- **FiFo (First in – First out)**: Diese Option steht für die ältesten Anträge zuerst.
- **LiFo (Last in – First out)**: Für die umgekehrte Variante.

In der Regel ist FiFo die Standardvariante.

Mit der Handelsspanne bestimmen Sie den Prozentsatz, den Sie Ihren Händlern gewähren wollen. Oft liegt der bei 30 Prozent, aber letztlich ist das eine Verhandlungssache zwischen Ihnen und Ihrem Händler. Der Prozentsatz ist auch branchenabhängig. Sie können die Kategorie wieder mit *Standard* zum Standard machen.

Eine Besonderheit ist die Option *Selbstbedienung*. Aktivieren Sie dieses Kontrollkästchen, wenn die Produkte dieser Kategorie auch in Ihrem Online-Shop verfügbar sein sollen.

Hier finden Sie die der Produktkategorie zugeordneten Produkte.

Die Produktkategoriefunktion hat noch ein weiteres Register zu bieten: *Zugeordnete Produkte*. Hier werden die Produkte samt verschiedenen Zusatzinformationen wie dem Suchbegriff, der Bezeichnung und dem Status aufgeführt, der der Kategorie zugewiesen ist.

Die Zuordnung selbst erfolgt nicht hier, sondern im Produktdialog.

4.2.4 Steuerkategorie

Es folgt im nächsten Schritt das Erstellen bzw. Anpassen der Steuerkategorie. Sie müssen jedem Produkt eine solche Kategorie zuweisen, damit es mit einem entsprechenden Steuersatz versehen werden kann. Bei EU-Ausfuhrlieferungen können Sie Ihren Produkten natürlich auch den Steuersatz 0 Prozent zu weisen. Aber beachten Sie die gesetzlichen Regelungen, wie Ausfuhrbeleg, Steuer-ID etc.

Der Dialog für die Steuerkategorie verlangt lediglich die Angabe einer Bezeichnung die Auswahl des Tenants und der organisatorischen Einheit. Unter *Statistische Warennummer* können Sie außerdem einen Waren-Code hinterlegen.

4.2.5 Produkt erstellen

Es folgt der letzte Schritt beim Erstellen eines Produkts: das eigentliche Erstellen des Produkts. ADempiere präsentiert Ihnen beim Zugriff einen Suchdialog, mit dem Sie Ihren Produktbestand nach drei Kriterien durchsuchen können:

- Suchbegriff
- Bezeichnung
- Beschreibung

Über das *Neuer Eintrag*-Icon können Sie wieder einen neuen Eintrag erstellen. Dem Suchdialog können Sie in der rechten unteren Ecke außerdem die Anzahl der bereits in dem System vorhandenen Produkte entnehmen. Bei der Demo-Anwendung sind es 27 Produkte.

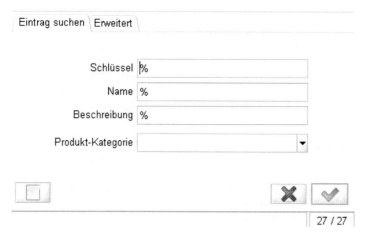

Die Produktfunktion präsentiert Ihnen den Suchdialog.

Wenn Sie den Suchdialog mit seinen Standardeinstellungen schließen, haben Sie Zugriff auf alle bereits erzeugten Produkte. Wir erzeugen ein neues Produkt und klicken dazu wie gewohnt auf das *Neuer Eintrag*-Icon.

Der umfangreiche Dialog für das Erstellen und Bearbeiten von Produkten.

Der Produktdialog ist sehr umfangreich und präsentiert Ihnen abhängig von Ihrer Installation zwischen sieben und zwölf Register. Bei einer Erstinstallation sind es nur sieben. Wenn Sie die gesamte Funktionalität wünschen, die Sie beispielsweise für verschiedene buchhalterische Aufgaben oder Download-Produkte benötigen, so müssen diese Tabs über *Extras> Einstellungen* aktiviert werden.

Beim Erstellen bzw. Öffnen eines Produkts landen Sie standardmäßig auf dem Register *Produkt*, auf dem Sie allgemeine Eigenschaften bestimmen. Im Kopfbereich dieses Registers bestimmen Sie wieder den Mandanten und die organisatorische Einheit, einen beschreibenden Text und optional einen Kommentar und eine Notiz.

Das Eingabefeld *Bar Code (EAN)* dient der Angabe des Strichcodes. Dabei handelt es sich um maschinenlesbare Daten (Strichcodes), die in der Wirtschaft gang und gäbe für die Kennzeichnung von Produkten sind.

Kurz zur Erläuterung: Der EAN-Strichcode (European Article Number) wurde 1976 eingeführt und kann von Barcodescannern berührungslos ausgelesen werden. Die EAN besteht aus 8 oder 13 Ziffern.

Schließlich können Sie Ihrem Produkt noch die SKU (Stock Keeping Unit) zuordnen. Das ist die eindeutige Bezeichnung einer Variante eines Artikels, also eine Artikelnummer. Sie ist insbesondere für die interne Verwendung von Bedeutung.

Mit den folgenden Einstellungen definieren Sie verschiedene allgemeine Eigenschaften, insbesondere die folgenden:

- Produktkategorie
- Steuerkategorie
- Unit of Measurement
- Produkttyp
- Gewicht

Den meisten dieser Einstellungen sind wir bereits begegnet bzw. deren Sinn und Zweck erklärt sich von selbst.

Wenn Sie das Produkt selbst auf Lager haben, sollten Sie das Kontrollkästchen *Lagerhaltig* aktivieren, so können Sie mithilfe von ADempiere auch Ihren Lagerbestand – zumindest für dieses Produkt – verwalten.

Abhängig vom Produkt kann es auch sinnvoll und/oder erforderlich sein, dass Sie die Größe des Produkts kennen, um den erforderlichen Lagerplatz kalkulieren zu können. Aber natürlich sind diese Daten auch für den Versand relevant. Unter *Regalhöhe*, *Regalbreite* und *Regaltiefe* geben Sie den erforderlichen Platz an.

Wenn Sie das neue Produkt selbst von einem Zwischenhändler oder dem Hersteller direkt beziehen, aktivieren Sie das Kontrollkästchen *Eingekauft*. Alle Produkte, die Sie nicht mehr weiter im Angebot haben, markieren Sie mit *Eingestellt*.

Das Produkt-Register hat eine weitere Besonderheit zu bieten. Wenn Sie die Option *Stückliste* aktivieren, so wird das Register um eine Schaltfläche und drei Optionen erweitert. Hinter dem Begriff verbirgt sich die Stücklistenfunktion. Eine Stückliste ist eine strukturierte Anordnung von Ihren Produkten. Es gibt unterschiedliche Listentypen. Bei einer Materialstückliste handelt es sich um eine strukturierte Anordnung von Teilen oder Baugruppen, die zur Herstellung eines anderen Teiles benötigt werden. In ihr werden die Teile eines Systems nach deren strukturellen Eigenschaften gelistet, wobei die Funktion der Teile meist nicht interessiert.

Wenn Sie in Ihrem Unternehmen beispielsweise spezifische Rechner zusammenbauen und veräußern, kann diese Funktion nützlich sein, um dem Kunden eine genaue Auflistung der einzelnen Komponenten liefern zu können.

Die Stücklistenfunktionen.

Die Option *Stückliste* ist für all jene Produkte relevant, die aus Einzelteilen zusammengesetzt werden. Mit einem Klick auf den Button *Stückliste verifizieren* überprüfen Sie die Stückliste und damit die Verfügbarkeit der Einzelteile.

Mit dem Aktivieren der Stücklistenfunktionen öffnen sich zwei weitere Optionen:

- **Details auf Rechnung drucken**: Wenn Sie diese Option aktivieren, werden die Details zu den Einzelteilen in der Rechnung aufgeführt.

- **Detaileinträge auf Kommissionierschein drucken**: Wenn Sie diese Option aktivieren, werden die Details auf dem Kommissionierschein gelistet.

Wenn Sie das Produkt in Ihrem Online-Shop verwenden, sollten Sie außerdem die Felder *Bild URL* und *Beschreibungs-URL* mit den korrekten Daten füllen.

In dem zweiten Register des Produkt-Dialogs finden Sie die Informationen und Einstellungen zu Ihren Stücklisten. Prinzipiell gibt es keine Einschränkung, wie viele Produkte Sie in einer Stückliste verwalten.

Bei Produkten, die auf Lager sind, werden die Stücklisten wie Produkte behandelt – zumindest soweit es die Verfügbarkeit betrifft. Sie können auf dem Register den Typ, die Elemente und die Anzahl bestimmen.

Wenn Ihr Produkt – sei es durch Lieferprobleme des Herstellers, wegen eines Produktionsengpasses oder eines anderen Grundes – kurz- oder auch längerfristig nicht verfügbar ist, so können Sie einen Ersatzartikel definieren, den Sie anstelle des eigentlichen Artikels Ihrem Kunden anbieten.

Die zugehörigen Einstellungen finden Sie auf dem Register *Ersatz*. Dort weisen Sie dem Ersatzprodukt eine Bezeichnung zu und bestimmen den Artikel selbst.

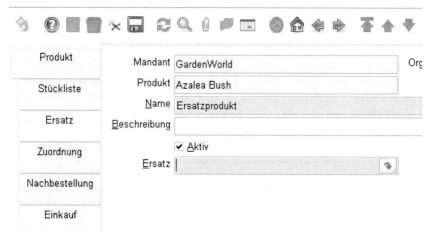

Die Konfiguration ähnlicher Produkte.

Von bekannten Online-Shops kennen Sie das vermutlich: Immer wieder werden Ihnen ähnliche oder verwandte Produkte angeboten. Eine einfache, aber häufig sehr wirksame Methode, um weitere Produkte an den Mann bzw. die Frau zu bringen.

Auch die Produktverwaltung von ADempiere bietet eine solche Funktion – und das, obwohl ADempiere nun wahrlich kein typisches Online-Shopping-System ist.

Um einem Ihrer Produkte eine oder auch mehrere Alternativen zuzuordnen, erstellen Sie mit einem Klick auf *Neuer Eintrag* einen entsprechenden Eintrag. Weisen Sie der Alternative eine Bezeichnung, eine Beschreibung, den Status und den Produkttyp (alternatives Produkt, Web-Promotion und ergänzendes Produkt) zu. Das eigentliche Alternativprodukt bestimmen Sie in der letzten Spalte mit *Ersatz*.

Auch der Möglichkeit, automatische Nachstellungen auszulösen, sind wir bereits begegnet. So können Sie sicherstellen, dass immer eine bestimmte Mindestmenge eines Produkts vorrätig ist. Sie können übrigens auch die Maximalmenge bestimmen. Wenn Sie lieber manuell nachbestellen: Kein Problem, auch das ist möglich.

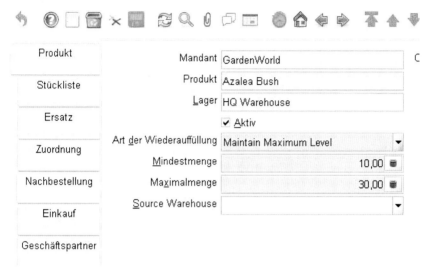

Die Konfiguration der Nachbestellungen.

Für die Nutzung der Nachbestellung ist es gleich, ob Sie selbst der Produzent oder der Wiederverkäufer sind. Sie bestimmen lediglich die Rahmenbedingungen für Nachbestellungen und die Quelle.

Die Nachbestelleinstellungen für das aktuelle Produkt bestimmen Sie über das Register *Nachbestellung*. Wählen Sie zunächst in dem Auswahlmenü *Art der Wierderauffüllung* den Nachbestelltyp aus. Sie haben die Wahl zwischen vier Optionen:

- **Manual**: Hier bestimmen Sie die Rahmenbedingungen für den minimalen und maximalen Lagerbestand manuell.

- **Reorder below Minimum Level**: Bei dieser Option wird Ware nachbestellt, wenn der untere Lagerwert unterschritten wird.

- **Maintain maximum Level**: Bei dieser Option wird der Maximalwert beibehalten und entsprechend viel nachbestellt.

- **Custom**: Diese Option erlaubt Ihnen das Einrichten von benutzerdefinierten Konditionen.

Über das Auswahlmenü *Source Warehouse* bestimmen Sie schließlich das Lager, von dem Sie die Ware beziehen. Die Lagerverwaltung unterstützt auch externe Lager.

Interessant ist in diesem Zusammenhang sicherlich auch, dass die Materialmanagementfunktionen auch einen Nachbestellbericht bieten.

Die Bestelleinstellungen für Ihr Produkt.

Das nächste Register trägt die Bezeichnung *Einkauf* und hier bestimmen Sie Daten, die für Ihren Produkterwerb von einem Hersteller oder einem Zwischenhändler relevant sind.

Auf dem Register bestimmen Sie zunächst über *Geschäftspartner* den Verkäufer, von dem Sie die Ware beziehen. Dabei greifen Sie auf die Business-Partner-Info-Daten zurück. Unter *Qualitäts-Einstufung* können Sie die Qualität bewerten.

Die weiteren relevanten Einstellungen sind natürlich die Listen- und Einkaufspreise. Diese hinterlegen Sie in den Eingabefeldern *Listenpreis* bzw. *Einkaufspreis*. Geben Sie außerdem gegebenenfalls mögliche Mindestbestellmengen ein.

Unter *Zugesicherte Lieferzeit* sollten Sie außerdem die vermutliche Zustelldauer bestimmen, um abschätzen zu können, wie schnell der Warenbestand wieder auf den gewünschten Stand gebracht werden kann.

Wenn Sie mit diesen Einstellungen zufrieden sind, können Sie unter *Lagerort* bestimmen, wo die Ware gelagert wird.

Auch die Einstellungen des Registers *Geschäftspartner* sind sehr überschaubar. Hier bestimmen Sie, welcher Ihrer Geschäftspartner das Produkt kauft. Leider lassen sich hier keine Geschäftspartnergruppen angeben.

Die Konfiguration des Produktpreises.

Natürlich müssen Sie Ihrem Produkt auch einen Preis zuweisen. Dazu steht Ihnen das Register *Preis* zur Verfügung. Hier bestimmen Sie zunächst die Preisliste, die Sie allerdings bereits erstellt haben müssen, dann die Währung und dann den Status. Die gängigsten Währungen sind bereits in dem System definiert, auch der Euro. Außerdem bestimmen Sie den Listen- und Standardpreis Ihres Produkts.

Sie können zu jedem Ihrer Produkte auch Downloads anbieten. Auf dem Register *Download* werden die Download-Dateien angegeben, die Sie den Käufern anbieten wollen. Auf dem Download-Register weisen Sie dem Download eine Bezeichnung zu, aktivieren ihn und geben die Download-URL an. Um Downloads erstellen zu können, müssen Sie das Produkt als Asset definieren. Dazu später mehr.

Bei verschiedenen Versionen konnte man die Downloads durch Aktivieren der Option *Lead Download* für das sogenannte Lead Generation verfügbar machen. Lead Generation ist eine Marketingtechnik zur Steigerung der Absätze. Einen guten Einstieg in die Lead-Generation-Thematik finden Sie bei Intouch (*http://www.startwithalead.com/ebooks/*). Diese Möglichkeit scheint allerdings von ADempiere-Version zu Version zu kommen und zu gehen.

Die Download-Einstellungen für Ihr Produkt.

Zwei weitere Register hat der Produkt-Dialog noch zu bieten: *Buchführung* und *Transaktion*. Das Register *Buchführung* dient der Konfiguration der Buchhaltung, auf dem Register *Transaktion* finden Sie eine Übersicht mit allen Transaktionen zu diesem Produkt.

Die Einstellungen auf dem Register *Buchhaltung* werden durch die Produktkategorie bestimmt, die Sie auf dem Register *Produkt* ausgewählt haben. Die voreingestellten Daten sind die Standardeinstellungen für eine Kategorie und können in der Regel beibehalten werden.

Sie können hier dennoch produktspezifisch die folgenden Anpassungen vornehmen:

- **Produktbestand**: Hier werden die Transaktionen zu einem Produkt aufgezeichnet, wenn es also beispielsweise verschickt wird. Die Aufzeichnung erfolgt im Konto für den Produktbestand.
- **Produktausgaben**: Hier werden Transaktionen aufgezeichnet, die von AP-Rechnungen stammen. AP steht für Accounts Payable, also Accounts, die Zahlungen vornehmen dürfen.
- **Cost Adjustment**: Dieser Account wird für Transaktionen verwendet, bei denen die Kosten einschließlich Ausladen und Zoll relevant sind.
- **Inventory Clearing**: Hier werden Materialbelege gebucht.
- **Produktverkaufskostenkonto**: Hier landen die Buchungen der Material- und/oder Herstellungskosten. Es handelt sich also hierbei um das Konto für die Kosten der verkauften Güter.
- **Einkaufspreis Differenz**: Hier bestimmen Sie die Einkaufspreisdifferenz, also die Differenz zwischen den Standardkosten und dem Einkaufspreis.
- **Rechnungspreisvarianz**: Gibt die sogenannte Rechnungspreisvarianz an, also den Unterschied zwischen Kosten und Rechnungspreis. Sie wird verwendet, um die Differenzen zwischen laufenden Kosten und Rechnungspreis widerzuspiegeln.
- **Erhaltener Händlerrabatt**: Hier geben Sie den erhaltenen Händlerrabatt an.
- **Gewährter Händlerrabatt**: Hier finden Sie den gewährten Händlerrabatt.
- **Produktertrag**: Hier finden Sie den Produktertrag.

116   Produkte verwalten

Wenn Sie feststellen, dass diese Änderungen mehrere Produkte betreffen, sollten Sie gegebenenfalls prüfen, ob Änderungen an den Produktkategorieneinstellungen sinnvoll sind.

Am Ende jeder Zeile finden Sie die Editierschaltfläche, über die Sie die Einstellungen für das jeweilige Konto finden. Auf dem zugehörigen Dialog können Sie dann beispielsweise ein anderes Konto für die entsprechende Buchung auswählen.

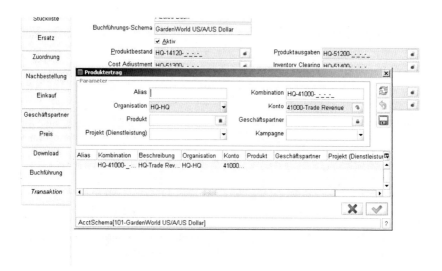

Das Bearbeiten der Einstellungen.

Auch für die Buchhaltung stehen Ihnen Berichte zur Verfügung, die Ihnen gerade auch für strategische Entscheidungen die notwendigen Hintergrundinformationen liefern. Dazu später mehr.

Auf dem Register *Transaktion* werden alle Transaktionen zu dem aktuell geöffneten Produkt angezeigt. Dazu gehören beispielsweise die Informationen zum Mandanten, der organisatorischen Einheit, Attributinstanz, dem Status, (aktiv/inaktiv), dem Lager, den bewegten Mengen, dem Datum, dem Bewegungstyp und vieles mehr.

4.3 Anlagen und Posten verwalten

Ein weiterer wichtiger Bereich der Produktverwaltung ist der Umgang mit Assets. Der Begriff beschreibt ein Anlagevermögen, das die in einem Betrieb längerfristig eingesetzten Wirtschaftsgüter umfasst. Der Begriff wird im betriebswirtschaftlichen Rechnungswesen und in der volkswirtschaftlichen Gesamtrechnung verwendet. Umfang und Gliederung des Anlagevermögens sind in beiden Bereichen unterschiedlich. Der Gegenbegriff zum Anlagevermögen ist das Umlaufvermögen, das dem Unternehmen nur kurzfristig dient.

Auch für die Anlagen und die Postenverwaltung stellt ADempiere die entsprechenden Funktionen bereit. Da auch Assets veräußert werden können, werden sie vermutlich aus diesem Grund den Produkten zugeordnet.

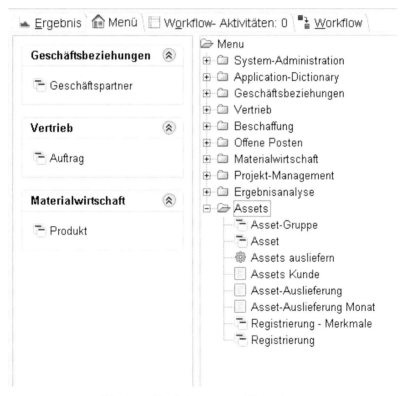

Die Asset-Funktionen von ADempiere.

Um Assets in ADempiere einzurichten, sind folgende Schritte erforderlich:
1. Zunächst erzeugen Sie eine Postengruppe.
2. Dann verbinden Sie die Postengruppe mit einer Produktkategorie.
3. Im nächsten Schritt weisen Sie der Produktgruppe die gewünschten Produkte zu.
4. Der letzte Schritt dient dem Versand des Produkts, was den Posten erzeugt.

4.3.1 Postengruppe erzeugen

Die Funktionen für das Anlegen und Verwalten von Posten finden Sie im Menü *Assets*. Während ADempiere bei den meisten anderen Menüs die typischen Workflow-Dialoge zur Verfügung stellt, die den einfachen Weg zum jeweiligen Endergebnis ebnen, hat das *Assets Kunde*-Menü das nicht zu bieten.

Der erste Schritt dient dem Erstellen einer Postengruppe, in der mehrere Posten zusammengefasst sind. Die Postengruppe bestimmt die Standardkonten. Wenn eine Postengruppe in der Produktkategorie ausgewählt ist, werden die Posten erzeugt, wenn der Posten geliefert werden soll. Enthält eine Produktkategorie auch Posten, so müssen diese mit einer Postengruppe verknüpft sein.

Um eine Postengruppe zu erstellen, klicken Sie im Menü *Assets* auf *Asset-Gruppe*. Im GardenWorld-Demo finden Sie bereits einen vordefinierten Eintrag.

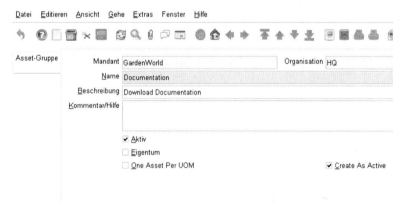

Die Verwaltung der Postengruppe.

In der Postengruppenverwaltung können Sie wie gewohnt neue Postengruppen erstellen.

Nach dem Erstellen der Postengruppe wechseln Sie über *Materialwirtschaft> Einstellungen Materialwirtschaft> Produkt-Kategorie* zu den Einstellungen für die Produktkategorien. Dort weisen Sie der gewünschten Gruppe die Postengruppe zu. Dazu verwenden Sie das Auswahlmenü *Asset-Gruppe*. Die Funktionen der Produktgruppen kennen Sie bereits. Daher soll hier nicht mehr darauf eingegangen werden.

Nachdem Sie die Produkt- mit einer Postengruppe verknüpft und ein Produkt dieser verknüpften Produktgruppe hinzugefügt haben, wird das Register *Produkt* um zwei weitere Eingabefelder erweitert: Mit *Guarantee Days* können Sie die Garantiedauer und mit *Version No.* eine Produktversion angeben.

4.3.2 Versand eines Postens

Der nächste logische Schritt beim Umgang mit Assets ist der Versand eines Postens. Konkret dient dieser Schritt dazu, eine Bestellung mit einem Produkt zu erstellen, das mit einer Postengruppe verknüpft ist. Wird die Bestellung verschickt, wird der Posten erzeugt. Dabei spielt es keine Rolle, ob die Bestellung manuell oder automatisch initiiert wird.

Alle Posten sind nach dem Versand über das Menü *Assets> Assets* abrufbar. Der zugehörige Dialog präsentiert Ihnen neben den Standarddaten wie Mandant, Suchbegriff, Beschreibung, Geschäftspartner etc. eine Fülle weiterer Informationen bzw. Eingabefelder. Hier einige wichtige:

- Versionsnummer
- Chargen-Nummer
- Seriennummer
- Service-Datum
- Besitzer
- Leasinggeber
- Abschreibung
- Lebensdauer
- Last/Next Maintenance (letzte/nächste Wartung)

Daneben finden Sie noch einige weitere Spalten, mit denen Sie die Assets und deren Eigenschaften weiter beschreiben können.

Wichtig ist in diesem Zusammenhang noch das Register *Auslieferung*: Hier können Sie Posten elektronisch verschicken.

Der eigentliche Versand der Posten erfolgt mit der Funktion *Asset> Asset-Auslieferung*. In dem zugehörigen Dialog bestimmen Sie zunächst die Postengruppe, dann das Produkt, den Geschäftspartner, den Posten und das Garantiedatum. Außerdem können Sie ein Template für den E-Mail-Versand an den Partner bei abgelaufener Garantie auswählen. Wichtig ist, dass der Geschäftspartner eine gültige E-Mail-Adresse besitzt. Mit einem Klick auf den *OK*-Haken wird der Posten elektronisch auf den Weg gebracht.

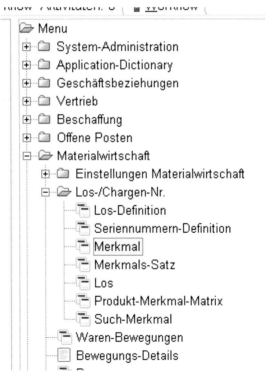

Die Funktionen für die Produktmerkmale.

4.3.3 Produktmerkmale

Natürlich bedürfen Ihre Produkte auch der genauen Beschreibung, damit Ihre Geschäftspartner und Sie wissen, welche Eigenschaften ein bestimmtes Produkt oder eine Produktgruppe kennzeichnen. Hierfür stehen Ihnen mächtige Attributfunktionen zur Verfügung.

Sie können mithilfe der Attributsuche sogar eine Suche nach Produkten durchführen, die spezifischen Anforderungen genügen. Eine tolle Funktion, denn damit können Sie auf bestimmte Kundenanforderungen mit den passenden Produkten reagieren und diese gezielt anbieten.

ADempiere ist so flexibel ausgelegt, dass Sie beispielsweise Produktattributsätze wie bei T-Shirts die Größen S, M, L und XL, definieren und diese dann mit anderen Attributen kombinieren können.

Produktattributsätze legen zusätzliche Attribute und Werte für dieses Produkt fest. Die Attributsätze müssen für die Serien- und Losnummernverfolgung bestimmt werden.

ADempiere kennt zwei Attributsätze:

- Instanzattribute
- Nicht-Instanzattribute

Ein Instanzattributsatz identifiziert eine spezifische Instanz eines Produkts, beispielsweise die Seriennummer eines PCs. Die Nicht-Instanzattribute sind typische Produkteigenschaften wie *Größe* oder *Farbe*. Sie werden insbesondere für die Suche nach bestimmten Produkten verwendet.

Ein Attributsatz besteht aus einem oder mehreren Eigenschaften. Die zentralen Eigenschaften sind die folgenden:

- Fertigungslos
- Seriennummer
- Garantiedatum
- weitere von Ihnen definierte Eigenschaften

Diese Eigenschaften können beim Anlegen von Produkten, bei der Herstellung oder dem Erstellen eines Materialbelegs definiert werden.

Ein wichtiges Attribut trägt die Bezeichnung *Seriennummern-Definition*. Der Dialog dient der Definition von Seriennummern für Ihre Produkte. Wenn Sie mit der GardenWorld-Demo arbeiten, finden Sie einen vordefinierten Eintrag, anhand dessen Sie die wichtigsten Eigenschaften kennenlernen.

Neben den Standarddaten zu ADempiere-Einträgen können Sie sie mit folgenden Eigenschaften versehen:

- Startnummer
- Inkrement
- Präfix/Suffix

Wenn Sie Ausnahmen definieren wollen, so verwenden Sie hierfür das Register *Ausschließen*.

Das zweite Register dient der Konfiguration der Seriennummer – ebenfalls ein sehr wichtiges Attribut für Ihre Produkte. Für die Verwaltung und das Erstellen von Seriennummern greifen Sie auf das Product-Attributes-Untermenü *Seriennummern-Definition* zu.

Die Konfiguration der Seriennummern.

Die Konfiguration der Seriennummern ist mit der der Loskontrolle vergleichbar. Sie bestimmen neben den Standardeinstellungen den Startwert, das Inkrement und mögliche Vor- und Nachsätze. Auch der Seriennummerndialog erlaubt Ihnen das Definieren von Ausschlüssen über das *Ausschließen*-Register.

Im Menü *Merkmale* bestimmen Sie als Nächstes die eigentlichen Produkteigenschaften bzw. hinterlegen die von Ihnen benötigten Merkmale. Knüpfen wir dazu an obigem Beispiel an. Wenn Sie Shirts in den drei Größen S, M und L verkaufen und diese in den drei Farben Rot, Grün und Blau verfügbar sind, so erzeugen Sie die zwei Attribute *Farbe* und *Größe* und geben die möglichen Optionen an. Genau dieses Szenario ist im GardenWorld-Demo bereits implementiert (siehe nachstehende Abbildung).

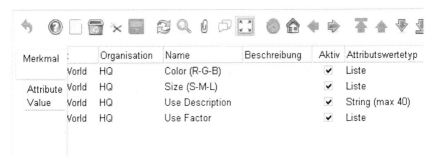

Die Produktmerkmale.

Für die Merkmaldefinition sind vier Felder von besonderer Bedeutung:

- **Attributwertstyp**: Hier bestimmen Sie den zulässigen Wertetyp. Hier bestimmen Sie also, welche Inhalte als Datentyp gültig sind. Sie haben die Wahl zwischen drei Optionen:
    o *Liste* für Liste
    o *Zahl* für Zahlenwert
    o *String (max. 40)* für eine Ziffernfolge mit maximal 40 Zeichen

- **Obligatorisch**: Aktivieren Sie diese Option, wenn das Attribut im Attributsatz verbindlich ist.
- **Such-Merkmal**: Hier steht Ihnen ein Auswahlmenü zur Verfügung. Allerdings ist die Attributsuche immer noch nicht vollständig und funktionstüchtig implementiert.
- **Attributinstanz**: Verwenden Sie dieses Kontrollkästchen, wenn das Attribut eine einzige Instanz des Produkts sein soll.

124 Produkte verwalten

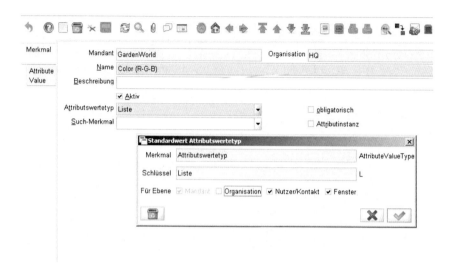

Das Bearbeiten von Voreinstellungen.

In diesem Zusammenhang möchte ich auf eine weitere Besonderheit des ADempiere-Systems aufmerksam machen. Wenn Sie über administrative Berechtigungen verfügen, so können Sie die Voreinstellungen bei einigen Dialogen ändern. Dazu klicken Sie mit der rechten Maustaste in ein Optionsfeld und führen den Befehl *Standardwert* aus. Wie Sie voranstehender Abbildung entnehmen können, ist auf dem zugehörigen Dialog das Ändern der Voreinstellungen möglich. Abhängig von den jeweiligen Funktionen können Sie auch den Zugriffslevel ändern.

Dann erlaubt Ihnen ADempiere das Erstellen von Attributsätzen. Damit werden mehrere Attribute verknüpft und dieser Satz kann dann einem Produkt zugewiesen werden. Durch die Attributwerte ist entweder ein Produkt oder eine einzelne Produktinstanz gekennzeichnet.

Die Attributsatzeinstellungen sind über das Untermenü *Merkmals-Satz* unter *Materialwirtschaft> Los-/Chargen-Nr.* verfügbar.

Die Einstellungen der Attributsätze.

Der Dialog *Merkmals-Satz* präsentiert Ihnen drei Register. Auf dem Register *Merkmals-Satz* finden Sie die eingerichteten Sätze und können neue erstellen, das Register *Attribute Use* zeigt die verwendeten Sets an und das Register *Ausschließen* erlaubt wieder das Erstellen von Ausschlüssen.

Wir beschränken uns hier auf das Register *Merkmals-Satz*. In tabellarischer Form präsentiert es Ihnen zunächst die folgenden Spalten: den Mandanten, die organisatorische Einheit, die Bezeichnung, die Beschreibung und den Status. Es folgt eine Vielzahl weiterer Spalten. Hier die wichtigsten im Überblick:

- **Attributinstanz**: Macht einen Eintrag zu einer Attributinstanz.
- **Los**: Aktiviert das Erstellen von Fertigungslosnummern für diesen Satz.
- **Los verpflichtend**: Mit diesem Kontrollkästchen machen Sie die Erfassung eines Lots verpflichtend.
- **Lot Char Start Overwrite/Lot Char End Overwrite**: Hier geben Sie die Werte vor bzw. nach der Loskontrollnummer an.
- **Ist Seriennummer**: Aktivieren Sie diese Option, damit die Attributsätze Produkte anhand der Seriennummer identifizieren.
- **Seriennummer verpflichtend**: Wenn Sie das Kontrollkästchen aktivieren, sorgt es dafür, dass die Produkte eine Seriennummer besitzen müssen.
- **Garantiedatum**: Ist diese Option aktiviert, müssen die Produkte eine Garantiedauer mit Ablaufdatum haben.
- **Garantie-Tage**: Hier legen Sie die Garantiedauer in Tagen fest. Voreinstellungen wie sie im GardenWorld-Demo mit 0, 90 und 180 Tagen zu finden sind, sind bei uns nicht zulässig. Der Gesetzgeber schreibt eine Garantie von mindestens zwei Jahren vor.

- **Obligatorischer Typ**: Mit diesem Auswahlmenü bestimmen Sie, ob der Attributsatz verbindlich ist oder nicht. Sie haben die Wahl zwischen drei Einstellungen:
    - Not Mandatory: Der Satz ist nicht verbindlich.
    - When Shipping: Beim Versand ist der Satz verbindlich.
    - Always Mandatory: Der Attributsatz ist immer verbindlich.

Die Funktionen der beiden Register *Attribute Use* und *Exclude* sind wenig spektakulär. Sie zeigen Ihnen lediglich die verwendeten und ausgeschlossenen Sätze an. Über das Attribute-Use-Register sind auch Anpassungen eines Satzes möglich – vorausgesetzt, Sie haben welche erzeugt.

Schauen wir uns an, wie Sie Ihren Produkten die definierten Attribute zuweisen. Auch das ist relativ einfach. Das Zuweisen kann bei der Produktdefinition, beim Wareneingang durch einen Lieferanten, bei einer Bestellung oder während der Produktion erfolgen.

Wenn Sie es über die Produktverwaltung machen wollen, die ja oben detailliert beschrieben ist, so wechseln Sie über das Menü *Materialwirtschaft> Einstellungen Materialwirtschaft> Produkt* zu den Produkteinstellungen. Auf dem Register *Produkt* finden Sie im unteren Bereich das Auswahlmenü *Merkmals-Satz*. Dort wählen Sie den zu Ihrem Produkt passenden Attributsatz aus und speichern die Einstellungen.

Nach der Zuweisung eines Satzes sollte auch das Register *Attribute Use* einen weiteren Eintrag aufweisen.

Wie bereits erwähnt, ist ja eine der schönen Eigenschaften der Attribute und Attributsätze, dass Sie damit Ihre Angebote nach spezifischen Eigenschaften durchsuchen können. Dazu öffnen Sie die Produktverwaltung. Wenn Ihr Produktangebot sehr überschaubar ist, genügt womöglich schon das Ändern der Ansicht. Mit einem Klick auf das *Liste/Einzelsatz*-Icon in der Kopfzeile aktivieren Sie die Tabellenansicht Ihrer Produkte. In der Tabellenansicht finden Sie womöglich direkt das gewünschte Produkt.

Anlagen und Posten verwalten 127

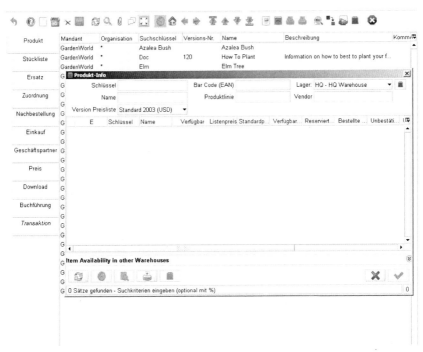

Der Suchdialog ist über die Produktverwaltung zugänglich.

Um die Suche zu starten, klicken Sie nicht auf das Lupen-Symbol in der Symbolleiste, sondern führen den Befehl *Ansicht> Produkt Info* aus. Alternativ können Sie auch die Tastenkombination *Alt+I* verwenden. Voranstehende Abbildung zeigt den *Produkt-Info*-Dialog. Er stellt Ihnen verschiedene Suchfelder und zwei Auswahlmenüs für die gezielte Einschränkung zur Verfügung. Mit *Enter* starten Sie die Suche. Das Suchergebnis wird im unteren Bereich ausgegeben.

Der Produkt-Info-Dialog kann übrigens in nahezu allen Dialogen des ADempiere-Systems über das Ansicht-Menü bzw. die zugehörige Tastenkombination aufgerufen werden.

In der rechten oberen Ecke des *Produkt Info*-Dialogs finden Sie eine weitere Funktion, mit der Sie die Ansicht einschränken können: der Dialog *Produktmerkmal-Info*. Er erlaubt Ihnen die Suche nach den oben definierten Attributen. Abhängig von der jeweiligen Produktgruppe und den mit der Gruppe verknüpften Attributsätzen können Sie für die Suche die verfügbaren Attributsätze und Instanzattribute verwenden. Der Dialog unterstützt auch das Garantieende als Suchoption.

128   Produkte verwalten

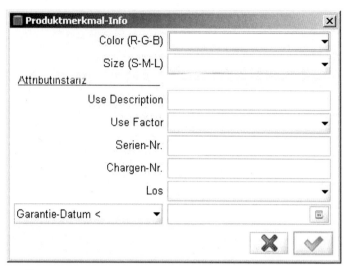

Über den Dialog *Produktmerkmal-Info* ist die Suche nach Produkten mit spezifischen Eigenschaften möglich.

Damit kennen Sie die wichtigsten produktspezifischen Funktionen der ADempiere-Umgebung. Als Nächstes befassen wir uns mit Preisen und Steuern.

5 Preise und Steuern

Sinn und Zweck eines Unternehmens ist es, Gewinne zu erwirtschaften – zumindest ist dies das gängigste Ziel. Wenn Sie Handel mit Ihren Geschäftspartnern treiben, müssen Sie mit Preisen, Preislisten und unterschiedlichsten Steuern jonglieren. In diesem Kapitel schauen wir uns die wichtigsten Preis- und Steuerfunktionen an.

5.1 Preise und Preislisten

Die Preisbildung und -gestaltung für Ihre Kunden und Lieferanten erfolgt über Preislisten. Prinzipiell können Sie mit ADempiere so viele Preislisten erstellen, wie Sie wollen und benötigen. Aber Preislisten dienen nicht nur der Verwaltung der Einkaufs- und Verkaufspreise. Sie können damit auch bestimmen, welche Produkte Sie mit welchen Geschäftspartnern austauschen. In den Preislisten definieren Sie auch Ihr Rabattschema. Die beiden grundlegenden Preislisten sind die Einkaufs- und die Verkaufspreisliste.

ADempiere kennt unterschiedliche Preis- und Rabatttypen und stellt Ihnen auch in diesem Bereich eine Fülle an Funktionen zur Verfügung. Das System unterstützt drei Standardpreistypen:

- Listenpreis
- Standardpreis
- (untere) Preisgrenze

Der Listenpreis ist bei vielen Produkten eine Art Ausgangspreis, der den Händlern und Kunden als erster Anhaltspunkt dient, was ein Produkt kostet. In der Regel liegt er über dem Standardpreis, zu dem ein Produkt in den Handel kommt. Beachten Sie allerdings, dass es für einige Produkte wie beispielsweise Bücher und Zeitschriften eine Preisbindung gibt. In Deutschland unterliegen neben Büchern folgende Artikel der Preisbindung:

- Rezeptpflichtige Medikamente (lediglich nicht verschreibungspflichtige apothekenpflichtige Medikamente besitzen keine Preisbindung mehr)
- Zigaretten

- Beförderungsentgelte für die meisten Taxifahrten

Die gesetzlichen Rahmenbedingungen für Ihre Branche sollten Sie natürlich kennen und gewissenhaft beachten.

Der untere Preisgrenzwert entspricht meist dem Wert, mit dem Sie ein Produkt gerade kostendeckend verkaufen, ohne einen Gewinn oder einen Verlust zu machen. Wenn Sie Produkte an andere Händler veräußern oder Produkte in größeren Mengen an Endkunden abgeben, so müssen Sie Rabatte einräumen. Die Rabatthöhe ist in erster Linie Verhandlungssache, wenngleich es natürlich in den meisten Branchen Standardrabatte gibt.

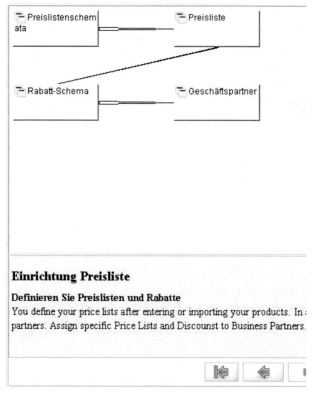

Der Weg zur ersten Preisliste.

Preise und Preislisten

Die Preislistenfunktion finden Sie im Menü *Materialwirtschaft> Einstellungen Materialwirtschaft> Einrichtung Preisliste.* Wenn Sie eine erste Preisliste erstellen, sollten Sie mit *Einrichtung Preisliste* den zugehörigen Workflow verwenden, um die notwendigen Schritte der Reihe nach abarbeiten zu können. Wenn Sie mit der Preislistenfunktion vertraut sind, ist es natürlich einfacher, die gewünschten Änderungen direkt in den jeweiligen Dialogen vorzunehmen.

Wie Sie voranstehender Abbildung entnehmen können, sind zum Erstellen einer Preisliste vier Schritte erforderlich:

- Definition des Rabattschemas
- Erstellen der Preisliste
- Änderungen am Rabattschema
- Verknüpfung mit Geschäftspartnern

Der erste Schritt beim Erstellen einer Preisliste: die Rabatte.

Mit einem Klick auf das Icon *Preislistenschema* öffnen Sie die Einstellungen für Ihre Rabatte. Wenn Sie erste Erfahrungen mit der GardenWorld-Demoanwendung sammeln, so finden Sie dort drei vordefinierte Rabattschemata.

Um ein neues Schema zu definieren, klicken Sie auf den *Neuer Eintrag*-Button und füllen der Reihe nach neben dem Mandanten, der Einheit, der Bezeichnung, der Beschreibung und dem Status folgende Felder aus:

- **Rabattart**: Hier bestimmen Sie den Rabatttyp. ADempiere kennt drei solcher Typen:
  - Breaks: Hier können Sie Rabattstufen verwenden.
  - Flat Percent: Hier einen einfachen Rabatt in Prozent.
  - Pricelist: Hier verwenden Sie die Daten der Preisliste.

- **Gültig ab**: Mit diesem Eingabefeld bestimmen Sie, ab wann das Rabattschema gültig ist.

Wenn Sie viele Einträge in der Rabattschemaliste haben, so können Sie mit einem Klick auf *Durchnummerieren* die Einträge neu durchnummerieren. Gerade auch, wenn Sie Schemata gelöscht haben, ist eine Neunummerierung sinnvoll, damit nicht Lücken in der Reihenfolge auftreten.

Die eigentliche Konfiguration des Preislistenschemas.

Die eigentliche Definition der Rabatte erfolgt auf dem Register *Schema Line*. Das Formular präsentiert Ihnen drei Bereiche. Im Kopfbereich bestimmen Sie die Seitenfolge in der Schemaliste und den Status. Im Bereich *Referenz* geben Sie einige allgemeine Einstellungen an, der Bereich *Beträge* dient der Konfiguration der konkreten Rabatte.

Sie können das Rabattschema über das Auswahlmenü *Produkt-Kategorie* einer Produktgruppe zuordnen. Im Bereich *Beträge* bestimmen Sie dann, ob das Rabattschema auf der Preisliste oder einem anderen Preis wie dem Standard- oder Listenpreis basiert.

Wichtig ist außerdem die Definition der Gewinnmargen. Sie können über die Eingabefelder die maximale und minimale Marge bestimmen – und zwar absolut, nicht in Prozent. Das Rabattschema kann außerdem Rundungen vornehmen. Dazu wählen Sie aus dem Auswahlmenü *Rundung* die passende Option aus.

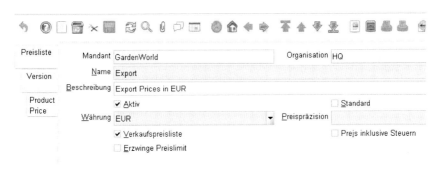

Die Einstellungen für die Preisliste.

Als Nächstes sind die Einstellungen des Menüs *Preisliste* dran. Hier erzeugen Sie die Preislisten für die Geschäftspartner. Auf dem zugehörigen Dialog bestimmen Sie auf dem Register *Preisliste* zunächst die Währung über das Auswahlmenü *Currency*. Im Feld *Preispräzision* bestimmen Sie, wie präzise die Preise berechnet werden. Standardmäßig werden zwei Zahlen hinter dem Konto berücksichtigt. Außerdem können Sie die Steuern mit *Preis inklusive Steuern* in der Preisliste berücksichtigen. Wenn Sie mit Endkunden Handel treiben, ist diese Option natürlich wichtig.

Wenn Sie die Option *Erzwinge Preislimit* aktivieren, so kann der Preis nicht den unteren Grenzwert unterschreiten, den Sie oben bestimmt haben.

Die Preislistenfunktion erlaubt Ihnen, mit mehreren Versionen einer Liste zu hantieren. Die dafür relevanten Funktionen finden Sie auf dem Register *Version*. Auf dem Register *Product Price* finden Sie außerdem die genauen Preise pro Produkt.

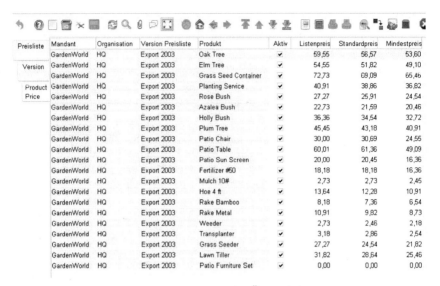

Die Produktpreise im Überblick.

Im letzten Schritt öffnen Sie die Einstellungen für Ihre Geschäftspartner. Dort wechseln Sie auf das Register *Kunde* bzw. *Lieferant*, abhängig davon, in welche Richtung Sie Geschäfte machen.

Auf jedem dieser Register finden Sie ein Auswahlmenü, das Ihnen die Zuweisung einer Preisliste erlaubt. Auch das Rabattschema kann für jeden Geschäftspartner individuell definiert werden.

5.2 Steuern anlegen und zuweisen

Ihren Produkten müssen Sie natürlich auch die gesetzlich vorgeschriebenen Steuern zuweisen – auch wenn Sie nur innerhalb der EU steuerfrei mit Waren handeln. Mit ADempiere können Sie Ihren Geschäftspartnern unterschiedliche Steuersätze zuweisen.

Auch für diesen Bereich stellt Ihnen ADempiere ein Workflow-Diagramm zur Verfügung, anhand dessen Sie die notwendigen Schritte zur Einrichtung eines Steuersatzes und die notwendigen Zuweisungen durchführen können. Die Steuereinstellung und das zugehörige Workflow-Diagramm sind über das Menü *Ergebnisanalyse> Stammdaten> Einrichtung Steuern* verfügbar.

Steuern anlegen und zuweisen 135

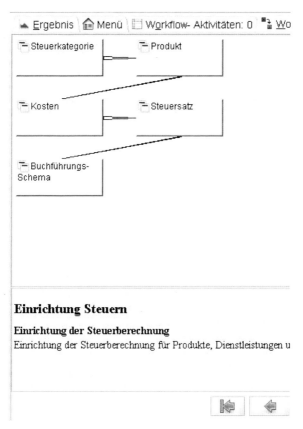

**Der Workflow-Dialog zeigt Ihnen den Weg
für das Erstellen von Steuersätzen.**

Das Einrichten eines Steuersatzes umfasst fünf Schritte. Die Schritte im Überblick:

1. Schritt 1 dient dem Erstellen einer Steuerkategorie.
2. Schritt 2 dient der Zuweisung zu einem oder mehreren Produkten.
3. Es folgt die Definition von Gebühren etc.
4. Der nächste Schritt dient der Definition der eigentlichen Steuersätze.
5. Im letzten Schritt erfolgt die Zuweisung zu Buchhaltungsschemata.

Wie Sie es von den Bereichen und Einstellungen von ADempiere bereits kennen, beispielsweise von der Produkt- oder Geschäftspartnerverwaltung, erstellen Sie zunächst eine Kategorie. Folgen Sie dazu dem Eintrag *Steuerkategorie*.

Um eine erste Kategorie zu erstellen (auch im GardenWorld-Demo sind keine Steuerkategorien definiert), weisen Sie dieser im Steuerkategorie-Dialog einen Mandanten, eine organisatorische Einheit, eine Bezeichnung, eine Beschreibung und einen Status zu. Auch hier können Sie wieder die Kategorie mit *Standard* zum Standard machen. In das Eingabefeld *Statistische Warennummer* geben Sie außerdem einen Warenschlüssel ein.

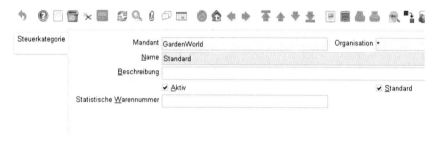

Das Erstellen einer Steuerkategorie.

Der nächste Schritt ist wieder einfach: Öffnen Sie über das *Produkt*-Icon die Produkteinstellungen. Auf dem Produktdialog bestimmen Sie auf dem Register *Produkt* die gewünschte Steuerkategorie.

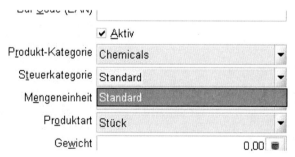

Die Auswahl der passenden Steuerkategorie für Ihr Produkt.

Der nächste Schritt dient dem Anlegen von Gebühren, die womöglich mit den Steuern oder anderen Transaktionen verknüpft sind. Dazu folgen Sie im Workflow-Diagramm dem Kosten-Icon. Bei diesen Kosten kann es sich um Bankgebühren, um Aufwendungen für einen Kurswechsel und dergleichen mehr handeln. Es kann sich aber auch um Überweisungsgebühren gehen.

Auch diese müssen natürlich in Ihrem System ihre Berücksichtigung finden. Neben den Standardeinstellungen müssen Sie die Höhe der Gebühr und die Steuerkategorie auswählen. Außerdem können Sie einer Gebühr einen Geschäftspartner zuweisen.

Die Konfiguration der Gebühren.

Es folgt der vierte Schritt, der der eigentlichen Definition der Steuersätze dient. Auf dem *Steuersatz*-Dialog erstellen und verwalten Sie Ihre Steuersätze. Wenn Sie in dem Dialog in die Tabellenansicht wechseln, erkennen Sie, dass in der GardenWorld-Demoanwendung bereits sechs Steuersätze definiert sind. Da diese auf den nordamerikanischen Markt abgestimmt sind, müssen Sie Ihre eigenen Sätze anlegen.

Wenn Sie später mit ADempiere Ihre Rechnungen schreiben, werden die relevanten Steuerdaten dann einfach den Produkten zugerechnet.

Das Erstellen eines ersten eigenen Steuersatzes ist einfach: Klicken Sie auf das *Neuer Eintrag*-Icon und füllen Sie dann die folgenden Felder aus bzw. wählen Sie dann die passenden Optionen aus den Auswahlmenüs:

- **Steuerkategorie**: Hier bestimmen Sie die oben erzeugte Kategorie.
- **Gültig ab**: In diesem Eingabefeld geben Sie das Datum an, ab dem der Steuersatz gültig ist.
- **Steuerbefreiung**: Aktivieren Sie dieses Kontrollkästchen, wenn der Geschäftspartner steuerbefreit ist, so wie es beispielsweise beim EU-Binnenhandel üblich ist.
- **Steuer Zertifikat notwendig**: Aktivieren Sie diese Option, wenn für diesen Steuersatz ein entsprechender Beleg erforderlich ist.
- **Belegebene**: Hier erfolgt die Berechnung der Steuern auf Dokumentenebene.
- **Zusammenfassungseintrag**: Aktivieren Sie diese Option, wenn es sich um einen Zusammenfassungseintrag handelt.
- **Übergeordnete Steuern**: Aus dem Auswahlmenü wählen Sie einen übergeordneten Steuersatz aus.
- **SO/PO Type**: Hier bestimmen Sie den sogenannten DB- bzw. KR-Typ. Sie haben die Wahl zwischen den beiden Optionen *Purchase Tax* und *Sales Tax*. Die Debitoren- bzw. Umsatzsteuern werden bei Debitoren-Aktionen aktiv. Kreditorensteuern wie beispielsweise die Mehrwertsteuer, werden nur bei Einkaufstransaktionen aktiv.
- **Rate**: Hier geben Sie den eigentlichen Steuersatz an, also beispielsweise null, sieben oder neunzehn Prozent.
- **Steuerindikator**: Diese Eingabe landet auf Ihren Rechnungen, die Sie mit ADempiere ausdrucken. Sie dient der Erläuterung des Steuersatzes. Geben Sie hier beispielsweise *19 % MwSt.* ein.
- **Land**: Hier geben Sie das Land an, in dem die Rechnung ausgestellt wird.
- **An**: Hier das Zielland der Ware.
- **Region**: Dieses Auswahlmenü ist nur interessant, wenn Ihr Unternehmen in Amerika zu Hause ist und Sie den Staat auswählen wollen. Entsprechend steht Ihnen auch ein Auswahlmenü für den Ziel-Staat zur Verfügung.

Auf dem Register *Tax ZIP* können Sie die Postleitzahl angeben, und zwar die des Ausgangspunkts und des Ziels der Ware.

Steuern anlegen und zuweisen 139

Die Einstellungen für Ihre Buchführung.

Abschließend müssen Sie den Steuern auch noch die passenden Konten zuweisen. All das geschieht auf dem Register *Buchführung*. Konkret müssen Sie fünf Konten bestimmen:

- **Fällige Steuer**: das Mehrwertsteuerkonto
- **Steuerverbindlichkeiten**: das Konto für Steuerverbindlichkeiten
- **Steuerguthaben**: Vorsteuerkonto
- **Steuerforderungen**: Konto für Steuerforderungen
- **Steuerausgaben**: Konto für Steueraufwand

Nach dem Speichern der Einstellungen sind diese mandantenweit verfügbar.

Auch für alle steuerlichen Belange stehen Ihnen Berichtfunktionen zur Verfügung, mit denen Sie beispielsweise eine Zusammenfassung der Steuern Ihrer Rechnungen ausgeben können.

6 Umgang mit Bestellungen

Der nächste wichtige Aufgabenbereich, den ADempiere abzudecken vermag, ist der Bereich Bestellungen. Der typische Ablauf vom Eingang einer Bestellung bis zur vollständigen Bearbeitung sieht dabei wie folgt aus: Die Bestellung geht über einen der gängigen Wege bei Ihnen ein. Die Bestellung kann von einem externen Kunden, einem Geschäftspartner oder einer internen Abteilung kommen. Ist die Ware auf Lager, wird sie samt Rechnung fertig gemacht und kann an den Versand übergeben werden.

Wenn Sie einen Verbindlichkeiten-Account eingerichtet haben, so ist die Bedarfsanalyse der erste Schritt bei einem Bestellvorgang.

Eine Besonderheit des ADempiere-Systems trägt die Bezeichnung Create-From-Funktion. Diese Funktion kommt dann zum Einsatz, wenn Sie den Besteller bereits in Ihrer Datenbank haben. Dann können Sie einfach auf diese Daten zurückgreifen – und zwar unabhängig davon, welche Rolle der- bzw. diejenige bisher in Ihren Geschäftsbeziehungen spielte.

Hier erstellen Sie einen Bedarf.

6.1 Bedarf erstellen

Der Bedarf liegt dann vor, wenn eine Bestellanfrage eines Kunden bzw. Geschäftspartners vorliegt. Das Erstellen eines Bedarfs erfolgt über das Menü *Beschaffung> Bedarf*. In Vorgängerversionen war dieser Schritt auch in cinen Workflow integriert, ab Version 3.0 sind die Bestellfunktionen im genannten Menü zu finden.

Der *Bedarf*-Dialog präsentiert Ihnen drei Register. Auf dem Register *Bedarf* definieren Sie neben den allgemeinen Daten folgende allgemeinen Einstellungen:

- **Priorität**: Aus diesem Auswahlmenü wählen Sie eine von fünf möglichen Prioritäten aus:
    - o Urgent für dringend
    - o High für hoch
    - o Medium für mittel
    - o Low für niedrig
    - o Minor für weniger wichtig

- **Freigegeben**: Wenn Sie dieses Kontrollkästchen aktivieren, ist die Bestätigung durch einen Vorgesetzten erforderlich.

- **Datum benötigt**: Hier geben Sie das Datum an, an dem die Ware bzw. Dienstleistung benötigt wird.

- **Belegdatum**: Mit diesem Feld bestimmen Sie das Datum der Bedarfsanforderung.

- **Lager**: Hier legen Sie fest, wo die angeforderte Ware gelagert werden soll.

- **Preisliste**: Hier wählen Sie die Preisliste aus.

Im Statusbereich werden Ihnen bis zu drei Informationen angezeigt, die von dem ADempiere-System automatisch erzeugt und ausgegeben werden:

- **Summe Zeilen**: Die Summe aller Bestellungen inklusive Steuern.

- **Belegstatus**: Hier zeigt das System den Dokumentenstatus an, also ob es sich beispielsweise um einen Entwurf oder einen verarbeiteten Bedarf handelt.

Bedarf erstellen 143

- **Verarbeitet**: Hier erfahren Sie, ob der Bedarf bereits verarbeitet wurde.

Mit einem Klick auf *Fertigstellen* verarbeiten Sie die Bedarfsanforderung.

Die Artikel für die Bedarfsanforderung.

Wenn Sie die allgemeinen Eigenschaften Ihrer Anforderung definiert haben, können Sie im nächsten Schritt die eigentlichen Artikel für diesen konkreten Bedarf bestimmen. Dazu wechseln Sie zum Register *Requisition Lines*.

Nach der Wahl der Mandanten, der Einheit und der Bedarfsbezeichnung bestimmen Sie mit dem Eingabefeld *Zeile Nr.* die Zeile für den Beleg. Dies zeigt die bestimmte Zeile für diesen Beleg an. Sie bestimmt auch die Anzeigenzeilenordnung innerhalb eines Belegs.

Die weiteren Einstellungen:

- **Produkt**: Hier bestimmen Sie das angefragte Produkt.
- **Kosten**: Hier bestimmen Sie mögliche Gebühren.
- **Menge**: Hier bestimmen Sie die Menge.
- **Einzelpreis**: Hier bestimmen Sie den Preis pro Einheit.
- **Beschreibung**: In diesem Eingabefeld hinterlegen Sie eine Beschreibung.

Die Felder *Zeilennetto* und *Bestellungposition* werden vom System ausgefüllt. Auch die Angaben auf dem Register *Purchase Order* werden automatisch von dem System erzeugt.

6.2 Bestellung anlegen

Der nächste Schritt dient in der Regel dem Anlegen einer Bestellung. Diese Bestellung soll auf Grundlage eines Bedarfs, wie er zuvor erstellt wurde, erfolgen. Um eine Bestellung von einem Bedarf zu erstellen, führen Sie den Befehl *Beschaffung> Bestellung aus Bedarf erzeugen* aus.

Wenn Sie diesen Befehl ausführen, meldet sich ein Auswahldialog, in dem Sie zunächst den Bedarf auswählen und verschiedene weitere Eigenschaften, wie die organisatorische Einheit, das Warenhaus, den Benutzer und natürlich das Produkt. Mit einem Klick auf das grüne Häkchen gibt das System die passenden Datenbankeinträge aus.

Hier bestimmen Sie den Bedarf und weitere Eigenschaften für das Erstellen einer Bestellung.

Bestellung anlegen 145

Das System erzeugt aus diesen Angaben heraus die gewünschten Bestellungen und gibt diese in einem Hinweisdialog aus.

Eine weitere Möglichkeit, eine Bestellung anzulegen, ist das Erstellen einer Bestellung auf Grundlage eines Auftrags. Dazu sind die Funktionen des Menüs *Vertrieb> Verkäufe> Bestellungen aus Auftrag generieren* da. An diesem Punkt zeigt sich einmal mehr, dass die Handhabung des ADempiere-Systems leider nicht sehr benutzerfreundlich ist. Für die Ausführung einer Bestellung wäre es doch am einfachsten, wenn man diese über einen einheitlichen Dialog ausführen könnte und man dort einfach den gewünschten Ursprung bestimmt. So muss man immer genau wissen, welches die Quelle ist.

Wenn Sie den Befehl *Bestellungen aus Auftrag generieren* ausführen, meldet sich wie bei der voranstehenden Bestellmöglichkeit ein ähnlicher Auswahldialog, auf dem Sie das Bestelldatum, genauer den Zeitraum der Bestellung, dann den Geschäftspartner, dann den Lieferanten und die Bestellung bestimmen. Auch hier wird mit einem Klick auf den grünen Haken die Bestellung auf Grundlage des gewählten Auftrags erzeugt.

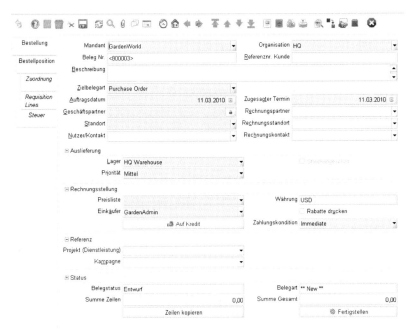

Der umfangreiche Dialog für das Erstellen „normaler" Bestellungen.

Ist das Erstellen der Bestellung ausgeführt, gibt das System auch hier einen Infodialog aus, der die erzeugten Bestellnummern ausgibt.

Wenn Ihre Bestellung nicht auf einen Auftrag oder einen Bedarf hin ausgeführt werden soll, sondern Sie diese manuell erstellen wollen, so führen Sie den Befehl *Beschaffung> Bestellung* aus.

In der ADempiere-Umgebung sind Bestellungen Kontrolldokumente. Eine Bestellung ist dann komplett, wenn die Bestell- mit der Versandmenge übereinstimmt und diese entsprechend berechnet wird. Wenn Sie eine Bestellung stornieren und/oder Ware zurückkommt, so wird der Warenbestand automatisch wieder auf den neuesten Stand gebracht. Das gilt auch für die Buchhaltung, sofern die Rücksendung korrekt verbucht wird.

Um eine manuelle Bestellung zu erstellen, stellt Ihnen der *Purchase Order*-Dialog eine Vielzahl an Funktionen zur Verfügung. Auf dem Register *Bestellung* sind neben den Standardfeldern folgende Einstellungen vorzunehmen:

- **Zielbelegart**: In diesem Auswahlmenü bestimmen Sie den Zieldokumententyp. Der ist in der Regel durch den Eintrag *Purchase Order* vordefiniert.
- **Auftragsdatum/Zugesagter Termin**: Hier bestimmen Sie das Bestelldatum bzw. das zugesagte (Versand-)Datum.
- **Geschäftspartner**: Dieses Menü dient der Auswahl des Lieferanten.
- **Standort**: Hier geben Sie den Standort des Lieferanten an.
- **Nutzer/Kontakt**: Hier Ihren Ansprechpartner bei dem Lieferanten.
- **Rechnungskontakt**: Hier bestimmen Sie, an wen die Rechnung geht.
- **Rechnungsstandort**: Hier geben Sie die Rechnungsadresse an.
- **Rechnungskontakt**: Hier den Rechnungskontakt.

Damit haben Sie die allgemeinen Daten zu Ihrer manuellen Bestellung im System hinterlegt. Mit dem nächsten Bereich bestimmen Sie zwei Versandeinstellungen:

- **Lager**: In diesem Auswahlmenü bestimmen Sie das Lager, aus dem der Versand erfolgen soll.
- **Priorität**: Dieses Auswahlmenü erlaubt Ihnen die Auswahl aus den fünf bereits bekannten Prioritäten.

Es folgt der Bereich *Rechnungsstellung*, in dem Sie verschiedene rechnungsrelevante Einstellungen vornehmen. Dies sind:

- **Preisliste**: Dieses Auswahlmenü erlaubt die Wahl der entsprechenden Preisliste.
- **Einkäufer**: Hier geben Sie den Vertreter des Unternehmens an, das Sie beliefern wollen.
- **Rabatt drucken**: Wenn Sie Ihrem Kunden einen Rabatt gewähren und dieser auf der Rechnung auftauchen soll, so aktivieren Sie dieses Kontrollkästchen.

Die Wahl der Zahlungsmethode.

- **Auf Kredit**: Diese Schaltfläche erlaubt die Auswahl der Zahlungsmethode. Hier können Sie beispielsweise Bar- oder Kreditkartenzahlung wählen.
- **Währung**: Hier gibt Ihnen ADempiere die richtige Währung vor.
- **Payment Term**: Über dieses Auswahlmenü bestimmen Sie die Zahlungsmodalitäten, nach denen die Lieferung vom Empfänger beglichen werden muss. Sie greifen dabei auf die oben definierten Modalitäten zurück.

Es folgt der Bereich *Referenz*, in dem Sie zwei Einstellungen vornehmen können:

- **Projekt**: Hier können Sie der Bestellung ein Projekt zuordnen. Dies muss zuvor in der ADempiere-eigenen Projektverwaltung erzeugt werden. Darauf kommen wir später noch zu sprechen.

- **Kampagne**: Erfolgt die Bestellung im Rahmen einer Marketingkampagne, so kann diese in diesem Auswahlmenü ausgewählt werden. Auch hier gilt: Zunächst müssen die entsprechenden Funktionen in ADempiere aktiviert und mindestens eine Kampagne angelegt sein.

Es folgt der letzte Bereich, in dem Ihnen verschiedene von dem System erzeugte Statusinformationen angezeigt werden. Es handelt sich um folgende Informationen:

- Dokumentenstatus
- Zwischensumme
- Dokumententyp
- Gesamtsumme

Das Ändern des Belegstatus.

Wenn Sie den Dokumentenstatus ändern wollen, klicken Sie auf die Schaltfläche *Fertigstellen*. Ein einfaches Auswahlmenü bietet Ihnen die vier möglichen Einstellungen:

- Fertigstellen
- Löschen
- Vorbereiten
- Abschliessen

Eine weitere Besonderheit hat dieser Dialog noch zu bieten: Mit einem Klick auf *Zeilen kopieren* können Sie bestimmte Bestelldaten in eine andere Bestellung übernehmen.

So vereinfacht sich die Ausführung bereits getätigter Bestellungen bzw. die Übernahme von Teilbestellungen. Die Übernahme der Daten erfolgt mit dem *Auftrags-Info*-Dialog.

Damit sind wichtige Daten Ihrer manuellen Bestellung in dem System eingetragen. Es folgen auf dem Register *Bestellposition* die Einstellungen für die eindeutige Kennzeichnung Ihrer Bestellung.

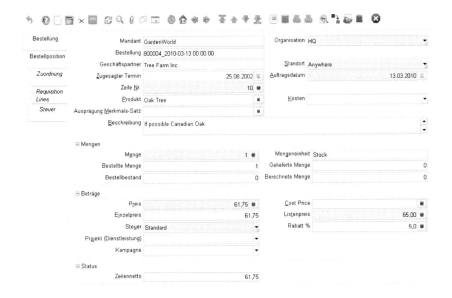

Die umfangreichen Einstellungen für die Bestellzeile.

Mit dieser Konfiguration weisen Sie Ihrer Bestellung die gewünschten Produkte zu. Auch dieser Dialog ist wieder sehr umfangreich und weist mehrere Bereiche auf. Bei umfangreichen Dialogen finden Sie meist eine Gruppierung von zusammengehörigen Einstellungen vor. Diese Gruppen lassen sich meist mit einem Klick auf das Pluszeichen auf- bzw. mit einem Minuszeichen einklappen.

Um eine neue Bestellzeile zu erstellen, klicken Sie auf den *Neuer Eintrag*-Button. Wieder gibt Ihnen das System einige Grundeinstellungen, wie beispielsweise den Kunden, die Bestellnummer und den Lieferanten, an.

Auch dieses Register weist einen Kopfbereich mit allgemeinen Einstellungen und drei weitere Detailbereiche auf. Bestimmen Sie im Kopfbereich wieder das Bestelldatum.

Im Eingabenfeld *Zeilen Nr.* geben Sie die Position an. Damit bestimmen Sie die Zeile für den Beleg, die Eingabe zeigt also die bestimmte Zeile für diesen Beleg an. Sie bestimmt auch die Anzeigenzeilenordnung innerhalb eines Belegs. Dann bestimmen Sie über das Auswahlmenü *Produkt* die gewünschte Ware. Außerdem können Sie eine Gebühr und eine Beschreibung im Kopf hinterlegen.

Der nächste Bereich trägt die Bezeichnung *Mengen*. Hier bestimmen Sie die Bestellmenge. Dazu geben Sie im Eingabefeld *Menge* die gewünschte Menge an. Die übrigen Felder werden von dem System ausgefüllt.

Es folgt der Bereich *Beträge*, in dem Sie die Preise für das Produkt bestimmen.

Unter *Status* zeigt Ihnen das System schließlich den Endbetrag der Bestellung an. In der Fußzeile finden Sie weitere Statusinformationen zum Endbetrag und der Anzahl an Zeilen.

Die Funktionen des Registers sind ebenfalls nur informativ. Hier finden Sie Zuordnungsdaten der Bestellzeile zu einem Wareneingang oder einem Lieferantenbeleg. Das gilt auch für das Register *Requisition Lines*. Hier finden Sie gegebenenfalls die Anforderungszeilen.

Auch die Informationen auf dem Register *Steuer* sind informativer Natur: Hier werden alle relevanten Steuerdaten wie der genaue Steueranteil, aufgeführt.

Wie bereits erwähnt, schließen Sie den Vorgang auf dem Register *Bestellung* mit einem Klick auf die *Fertigstellen*-Schaltfläche ab. Anschließend können Sie mit *Ansicht> Produkt-Info* den Dialog *Produkt-Info* aufrufen und finden dort den zuvor vorgenommenen Bestellvorgang.

Bestellung anlegen 151

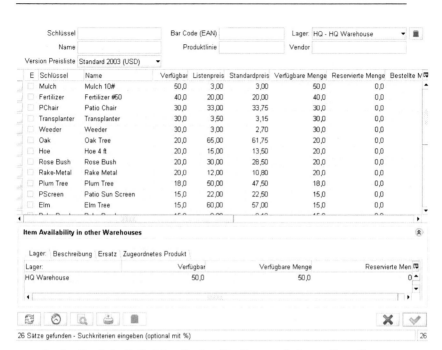

In der Produkt-Info-Liste finden Sie die verarbeiteten Bestellungen.

Nun soll die Bestellung ja nicht nur in Ihrem System eingetragen, sondern auch die Bestellung mit dem Bestellbeleg bzw. der Rechnung auf die Reise gebracht werden.

Dazu kehren Sie zum *Bestellung*-Dialog zurück und öffnen die gewünschte Bestellung. ADempiere erzeugt auf den im System hinterlegten Dateien einen PDF-basierten „Bericht", den Sie dann auf einem Standarddrucker ausgeben oder auch aus dem System heraus verschicken können.

Wenn Ihnen der Beleg in der Vorschau nicht passt, wählen Sie einfach ein anderes Format aus dem Auswahldialog aus oder ändern Sie die Einstellungen mit einem Klick auf *Anpassen Bericht*. Darauf kommen wir später noch zu sprechen.

Umgang mit Bestellungen

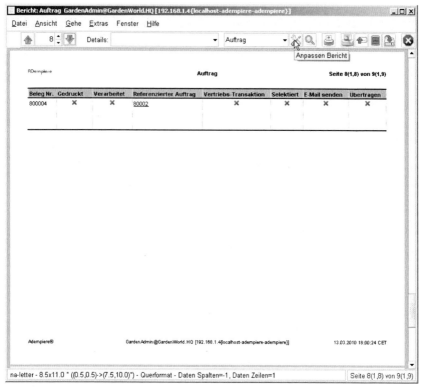

Die Vorschau des Auftrags im Report-Viewer.

6.3 Wareneingang verbuchen

Nachdem Sie Waren bei Ihren Lieferanten bestellt haben, müssen diese ebenfalls korrekt in dem System verbucht werden. So haben Sie immer aktuelle Warenbestände per Mausklick verfügbar und können direkt prüfen, ob eine ausreichende Lagermenge für eine Bestellung verfügbar ist.

Die zugehörigen Funktionen finden Sie im Menü *Beschaffung> Wareneingang*. Auch hier steht Ihnen kein Workflow-Diagramm zur Verfügung, an dem Sie sich orientieren können. Vielmehr müssen Sie zunächst alle Einstellungen von Hand vornehmen.

Wareneingang verbuchen 153

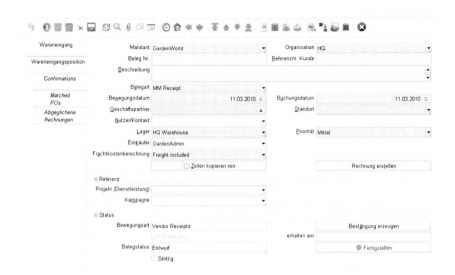

Der Dialog für das Erstellen eines Wareneingangs.

Auf dem Wareneingang-Dialog finden Sie fünf Register vor. Für das Anlegen des Wareneingangs sind zunächst einmal die Funktionen des Registers *Wareneingang* notwendig.

ADempiere füllt wieder verschiedene Felder des Kopfbereichs mit den richtigen Daten aus. Dazu gehören beispielsweise der Mandant, die Bestellung und die Wareneingangsnummer. Auch den Belegtyp gibt das System bereits vor. In diesem Fall ist es der Typ *MM Receipt*.

Sie sollten im Kopfbereich im Eingabefeld *Referenznr. Kunde* dem Wareneingang gegebenenfalls eine Referenz zuweisen und im Eingabefeld *Beschreibung* ergänzende Informationen hinterlegen. Die weiteren Eingabefelder des Kopfbereichs:

- **Bewegungsdatum**: Hier geben Sie das Datum des Wareneingangs ein.
- **Buchungsdatum**: Hier bestimmen Sie den Buchungstag.
- **Geschäftspartner**: Hier bestimmen Sie den Lieferanten, den Sie in der Lieferantenverwaltung angelegt haben.
- **Standort**: Hier geben Sie den Standort des Lieferanten an. Das ist natürlich bei Lieferanten mit mehreren Standorten wichtig.

- **Nutzer/Kontakt**: In diesem Eingabefeld bestimmen Sie den Kontakt bzw. Ansprechpartner für die Warenlieferung.
- **Lager**: Hier zeigt ADempiere das Lager an, aus dem die Lieferung stammt.
- **Einkäufer**: Hier den Vertreter des Lieferanten.
- **Frachtkostenberechnung**: Aus diesem Auswahlmenü bestimmen Sie die Frachtkosten. Die können beispielsweise in der Lieferung enthalten sein oder aber nach einem getrennt erstellten Plan der Lieferung zugerechnet werden.
- **Zeile kopieren von**: Mit einem Klick auf diese Schaltfläche öffnen Sie den Wareneingang-Dialog, der Ihnen die Übernahme von Wareneingangsdaten erlaubt.

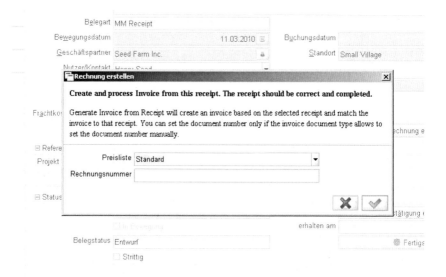

So einfach ist das Zusammenspiel von ADempiere-Modulen: Aus dem Wareneingang lässt sich gleich auch der Vorgang für die Rechnungsstellung starten.

- **Rechnung erstellen**: Mit einem Klick auf diese Schaltfläche erstellen Sie eine Rechnung auf Grundlage dieses Wareneingangs. Ein erster Hinweisdialog weist Sie auf die folgenden Schritte hin. In einem zweiten bestimmen Sie die Preisliste und die Rechnungsnummer und schon ist die Rechnung erstellt.

Es folgt der Bereich *Referenz*. Hier können Sie wieder ein Projekt und/oder eine Marketingkampagne auswählen, der Sie den Wareneingang zuordnen wollen.

Im Statusbereich zeigt Ihnen das System den Bewegungstyp und den Dokumentenstatus an. Außerdem stehen Ihnen zwei weitere nützliche Funktionen über Schaltflächen zur Verfügung:

- **Bestätigung erzeugen**: Mit einem Klick auf diese Schaltfläche öffnet sich ein Auswahldialog, der Ihnen den Versand verschiedener Bestätigungen erlaubt.

- **Fertigstellen**: Über diese Schaltfläche können Sie wieder die Buchung mit all Ihren notwendigen Einstellungen abschließen.

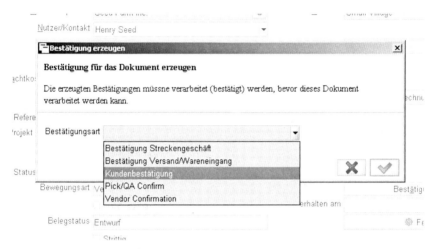

Die Auswahl der Bestätigungsart.

Als Nächstes sollten Sie sich die Einstellungen des Registers *Wareneingangsposition* ansehen. Dort bestimmen Sie die Eingangsposition(en) für Ihren Wareneingang. Dieses Register ist wieder in einen Kopfbereich und den Bereich *Mengen* unterteilt.

Mit dem Eingabefeld *Zeile Nr.* bestimmen Sie die Position auf dem Beleg. Dann bestimmen Sie mit dem Auswahlmenü *Produkt* wie gewohnt das Produkt, mit *Lagerort* den exakten Lagerort und hinterlegen gegebenenfalls im Textfeld *Beschreibung eine Info*.

156 Umgang mit Bestellungen

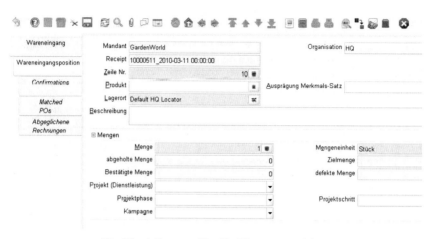

Die Einstellungen für die Eingangsposition.

Wenn die Eigenschaften eines Produkts über eine Attributinstanz definiert sind, können Sie diese über das Feld *Ausprägung Merkmals-Satz* bearbeiten. Klicken Sie dazu am Ende des Feldes auf das kleine Icon. Es öffnet sich der Dialog *Attribute Set Instance*, in dem Sie Zugriff auf diese Einstellungen haben und diese gegebenenfalls ändern können. Über die Schaltfläche *Select existing record* wählen Sie einen bestehenden Eintrag aus. Um einen neuen Eintrag zu erstellen, klicken Sie auf *Neuer Eintrag*.

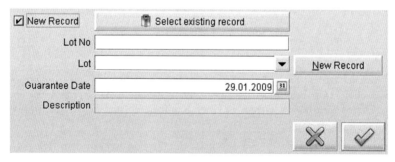

Die Einstellungen für die Attributinstanz eines Eingangs.

Die drei übrigen Register des Wareneingang-Dialogs präsentieren Ihnen wieder von dem System erzeugte Statusinformationen – zu erkennen an der kursiven Schrift der Registerbezeichnungen. Diesen können Sie verschickte Bestätigungen (Confirmations), die passenden Aufträge (Matched POs) und die abgeglichenen Rechnungen entnehmen.

6.4 Rechnung für Lieferanten

Das ADempiere-System erlaubt Ihnen natürlich auch das Erstellen und Verbuchen von Rechnungen für Ihre Lieferanten. So können Sie auch deren Lieferungen mit einem ordentlichen Beleg korrekt in Ihrem System verbuchen. Die zugehörigen Funktionen sind wieder über das Menü *Beschaffung> Rechnung (Lieferant)* verfügbar.

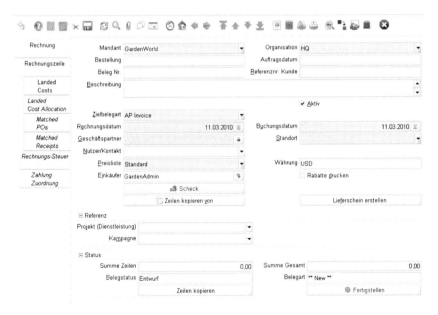

Die Funktionen für die Rechnungsstellung an Ihre Lieferanten.

Wir wollen Sie nicht mit unnötigen Wiederholungen von Funktionen und Einstellungen langweilen, die Sie bereits weiter vorne bei anderen Rechnungsstellungen

158 Umgang mit Bestellungen

kennengelernt haben, sondern uns hier auf die Besonderheiten der Lieferantenrechnung beschränken.

Neu ist beispielsweise die Funktion *Zielbelegart*, worunter Sie die angestrebte Belegart verstehen können. Sie können die Belegart beispielsweise bei einem Buchungsvorgang von Angebot zu Auftrag umstellen.

Das Auswahlmenü stellt Ihnen zwei Typen zur Auswahl:

- AP Invoice
- AP CreditMemo

Auch auf diesem Dialog können Sie über die Schaltfläche *Lieferschein erstellen* wieder einen Bestell- und Lieferbeleg von der aktuellen Rechnung erstellen.

Auch das Drucken der Rechnung aus dem Dialog über die Report-Schnittstelle ist hier möglich.

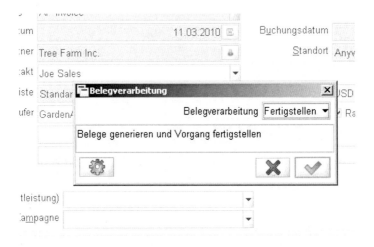

Über das Auswahlmenü schließen Sie die Dokumentenerstellung und die Transaktion wieder ab.

Damit ist auch schon die wesentliche Neuerung dieses Dialogs beschrieben. Mit einem Klick auf *Fertigstellen* können Sie die Rechnungserstellung und die Transaktion wieder abschließen.

Kommen wir zu den beiden weiteren Registern, die Ihnen noch Einstellungsmöglichkeiten bieten: *Rechnungszeile* und *Landed Costs*. Die Funktionen des Registers *Rechnungszeile* dienen der Konfiguration der Rechnungsposition. Eine Rechnungsposition legt eine einzige Zeile einer Rechnung fest.

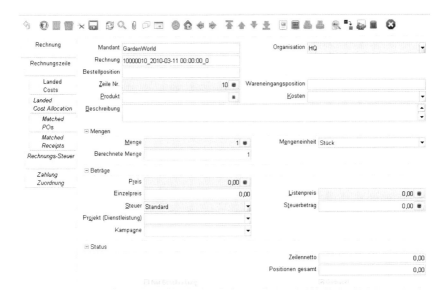

Die Konfiguration der Rechnungsposition.

Um eine neue Rechnungsposition zu erstellen, klicken Sie wie gewohnt auf den *Neuer Eintrag*-Button. Im Kopfbereich füllen Sie folgende Felder aus:

- **Zeile Nr.**: Hier geben Sie die Position an.
- **Produkt**: Hier bestimmen Sie das Produkt.
- **Beschreibung**: In diesem Textfeld ist wieder Platz für eine Beschreibung.

Die Felder *Mandant*, *Rechnung*, *Bestellposition*, *Wareneingangsposition* und *Einzelpreis* werden wieder von dem ADempiere-System automatisch ausgefüllt.

Es folgt der Bereich *Mengen*. Hier finden Sie folgende Felder vor:

- **Menge**: Hier bestimmen Sie die Menge.

- **Mengeneinheit**: In diesem Auswahlmenü bestimmen Sie die UOM-(Unit of Measure)-Einstellung. Damit bestimmen Sie Ihre spezifische Maßeinheit, nach der beispielsweise Produkt A nur in einem Dreier- und Produkt B nur in einem Viererpack erhältlich ist.
- **Berechnete Menge**: Hier wird die berechnete Menge eines Produkts angezeigt, wenn Sie Ihrem Kunden beispielsweise Partie-Exemplare überlassen. Dieser Wert wird von ADempiere vorgegeben und ist von Ihren Produkteinstellungen abhängig.

Es folgen die Bereiche *Beträge* und *Status*, in denen Sie die bereits bekannten Informationen finden.

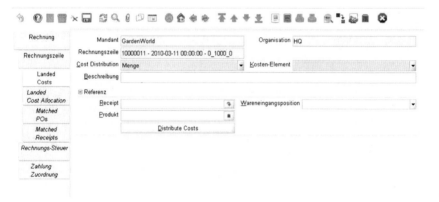

Die Einstellungen des Registers *Landed Costs*.

Über das Register *Landed Costs* können Sie die Kosten auf vorhergehende Belege buchen. Dazu können Sie aus fünf Zuordnungstypen den geeigneten bestimmen. Sie haben die Wahl zwischen folgenden Zuweisungsoptionen:

- kostenbasiert
- mengenbasiert
- zeilenbasiert
- volumenbasiert

- gewichtsbasiert

Im Auswahlmenü *Kosten-Element* müssen Sie außerdem das Kostenelement bestimmen. Meist ist es das Gewicht. Es folgt wie gewohnt das *Beschreibung*-Feld, in dem Sie eine Beschreibung des Vorgangs hinterlegen können.

Im Bereich *Referenz* stehen drei Einstellungen an:

- **Shipment/Receipt**: Hier geben Sie die Nummer des Versandbelegs an.
- **Wareneingangsposition**: Hier die Position der Sendung.
- **Produkt**: Hier bestimmen Sie das eigentliche Produkt.

Mit einem Klick auf die Schaltfläche *Distribute Costs* verteilen Sie die Kosten entsprechend Ihren Vorgaben.

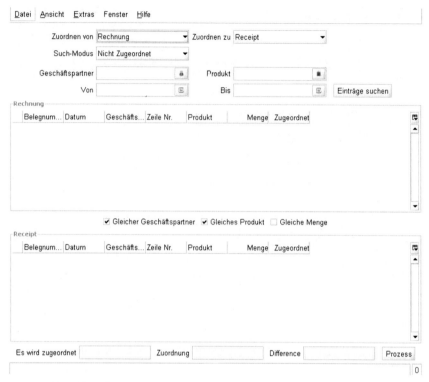

Das Zuordnen von Bestellung, Wareneingang und Rechnung.

Nun wissen Sie, wie Sie Rechnungen erstellen, Wareneingänge verbuchen und mit Bestellungen umgehen. Sie wissen aber noch nicht, wie Sie diese einander zuordnen. Auch hierfür hat ADempiere eine Funktion zu bieten, mit der Sie insbesondere Rechnungen versendeten Lieferungen zuordnen können. Sie finden diese Funktionen im Menü *Beschaffung> Abgleich Bestellung-Lieferschein-Rechnung*.

Im Kopfbereich stehen Ihnen verschiedene Funktionen für die Auswahl und Einschränkung der zuzuordnenden Buchungen zur Verfügung. Im unteren Bereich erfolgt die eigentliche Zuordnung.

Neben diesen Grundfunktionen verfügt ADempiere über weitere sogenannte Matching-Funktionen, beispielsweise die Überwachung von Zuordnungen.

Die Handhabung dieser Funktion ist prinzipiell recht einfach. Wenn Sie eine Rechnung einem Wareneingang zuordnen wollen, so wählen Sie unter *Zuordnen von* den Eintrag *Rechnung* und im danebenliegenden Auswahlmenü *Zuordnen zu* den Eintrag *Receipt*.

Beim Einsatz dieser Funktion sollten Sie zunächst beachten, dass nur Belege, also Bestellungen, Wareneingänge und Rechnungen, die das System bereits verarbeitet hat, für die Zuordnung verfügbar sind.

Außerdem sind nur folgende Zuordnungen möglich:

- Rechnung zu einem Versandbeleg
- Bestellungen zu einem Versandbeleg
- Versandbeleg zu einer Rechnung oder einer Bestellung

Sie können also nicht nach Belieben schalten und walten, wie Sie wollen.

Mit dem Suchmodus legen Sie fest, ob Sie bereits zugeordnete Einträge suchen (*Matched*) oder nicht (*Not Matched*). Wenn Sie erste Erfahrungen mit dem System sammeln, suchen Sie meist nicht zugeordnete Einträge.

Im Eingabefeld *Geschäftspartner* bestimmen Sie dann den Geschäftspartner und mit *Produkt* das gesuchte Produkt.

Sie können die Suche außerdem über die Datumsfelder *Von* und Bis einschränken. Die Suche starten Sie mit einem Klick auf die Schaltfläche *Einträge suchen*.

Nach der Suche gibt der Dialog im oberen Bereich die Suchergebnisse samt Dokumentennummer, Datum, Geschäftspartner, Position, Produkt, Menge und Zuordnung aus.

Sie können die Zuordnung mit den drei Kontrollkästchen *Gleicher Geschäftspartner*, *Gleiches Produkt* und *Gleiche Menge* weiter einschränken.

Die eigentliche Zuordnung erfolgt im unteren Bereich. Dort werden die womöglich passenden Belege aufgeführt und Sie können durch Markieren und einen Klick auf die Schaltfläche *Prozess* die Zuordnung herstellen.

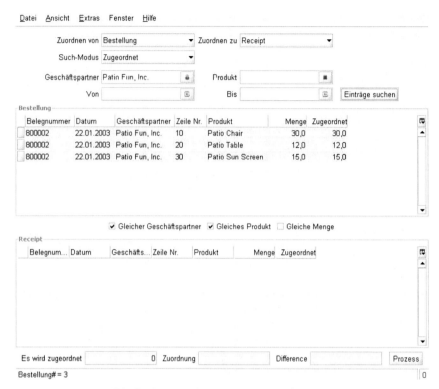

Die Suchergebnisse des Abgleich-Dialogs.

Wenn Sie sich nur für die zugeordneten Bestellungen oder nur die zugeordneten Rechnungen interessieren und diese verfolgen wollen, so ist auch das recht einfach möglich: Führen Sie einfach den Befehl *Beschaffung> Abgeglichene Bestellungen* bzw. *Abgeglichene Rechnungen* aus.

6.5 Stapelverarbeitung von Rechnungen

Eine weitere Besonderheit von ADempiere: Sie können mehrere Rechnungen von verschiedenen Lieferanten in einem Fenster verarbeiten. Dabei handelt es sich um eine Art Stapelverarbeitung, wie man sie in der Informatik häufig einsetzt, um identische Vorgänge auf mehrere Objekte anzuwenden.

Diese Funktion findet meist bei der Verarbeitung von Lieferantenrechnungen Verwendung, bei denen kein Eingangsbeleg oder eine eigene Bestellung vorliegt.

Auch die Stapelverarbeitungsfunktion finden Sie im Menü *Beschaffung*, und zwar versteckt sie sich hinter dem Begriff *Rechnungen generieren*.

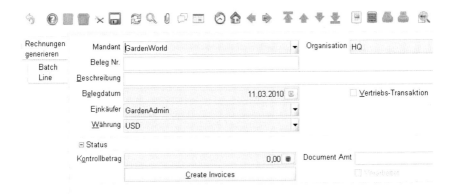

**Die Stapelverarbeitungsfunktion vereinfacht
die Verarbeitung mehrerer Rechnungen.**

Auf dem *Rechnungen generieren*-Dialog weisen Sie der Stapelverarbeitung zunächst im Eingabefeld *Beleg Nr.* eine ID zu, dann gegebenenfalls eine Beschreibung. Das Datum ordnet ADempiere automatisch zu, es kann aber von Ihnen auch bearbeitet werden. Bestimmen Sie außerdem den Unternehmensvertreter und die Währung.

Wenn es sich bei den Rechnungen um Kunden- und nicht um Lieferantenrechnungen handelt, aktivieren Sie das Kontrollkästchen *Vertriebs-Transaktion*.

Im Statusfeld können Sie mit *Kontrollbetrag* einen Kontrollbetrag eingeben. In diesem Fall muss die Summe aller Rechnungen Ihrem Endbetrag entsprechen. Ist das nicht der Fall, können keine Rechnungen erstellt werden.

Die eigentliche Rechnungseingabe erfolgt auf dem Register *Batch Line*. Da dort noch keine Einträge stehen – auch nicht in der GardenWorld-Demo – erstellen Sie einen ersten Eintrag mit einem Klick auf den *Neuer Eintrag*-Button und füllen die Rechnungsdaten aus. Der Reihe nach können Sie die Rechnungen eingeben, bis Sie alle Einzelrechnungen in einem Vorgang zusammengefasst haben.

166 Umgang mit Bestellungen

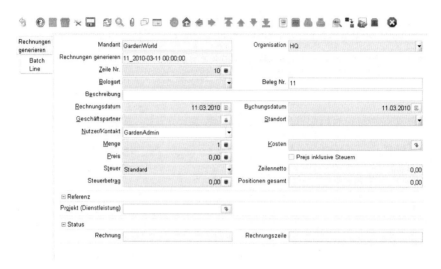

Eine erste Teilrechnung wird in der Batch-Funktion eingetragen.

Nachdem Sie alle Rechnungen mit den notwendigen Daten eingetragen haben, wechseln Sie wieder zum Register *Rechnungen generieren* und klicken dort auf die Schaltfläche *Create Invoices*. Im Idealfall gibt ADempiere eine Erfolgsmeldung aus, dass die Rechnungen erstellt wurden. Sie können nun in der Rechnungsverwaltung eingesehen und beispielsweise ausgedruckt werden.

6.6 Wareneingangsbestätigung

In der Praxis kann es erforderlich sein, dass Sie einen Wareneingang erst bestätigen müssen, bevor die Ware in Ihrem System verfügbar ist. In einer solchen Bestätigung können Sie z. B. auch auf Unstimmigkeiten zwischen der Bestell- und Liefermenge hinweisen. Eine Gutschrift (*Credit Memo*) wird angelegt, wenn es Unterschiede zwischen dem Lieferschein des Lieferanten und der tatsächlichen Lieferung gibt.

Sie können optional bestätigte Wareneingänge in den Warenbestand buchen. ADempiere erstellt außerdem eine Gutschrift für die Waren, die Sie nicht erhalten haben.

Das Erstellen einer solchen Bestätigung ist wieder recht einfach. Über das Menü *Ergebnisanalyse> Stammdaten> Belegart* erstellen Sie ein Bestätigungsdokument.

Wie wir bereits zuvor gesehen haben, bestimmen Sie mit dem Dokumententyp, wie das Dokument verarbeitet wird und welche Prozeduren dabei durchlaufen werden.

Verlangt eine Warenlieferung oder ein anderer Eingang eine Bestätigung, so aktivieren Sie im Dialog *Belegart* im Auswahlmenü *Hauptbuch Kategorie* zunächst die Option *Material Management*.

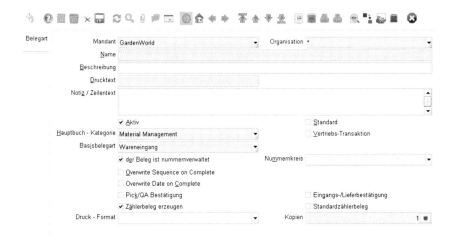

Hier bestimmen Sie die Eigenschaften des Bestätigungsdokuments.

Dann wählen Sie im Auswahlmenü *Basisbelegart* den Eintrag *Wareneingang*. Nach der Wahl dieser Einstellungen wird der Belegart-Dialog um weitere Optionen erweitert.

Aktivieren Sie das Kontrollkästchen *Pick/QA Bestätigung* für die Bestätigung einer Warenlieferung und *Eingangs-/Lieferbestätigung* für sonstige Eingänge.

Treten Unstimmigkeiten auf, wird automatisch vom System ein Dokument mit der notwendigen Gutschrift erzeugt.

Haben Sie einen Wareneingang so konfiguriert, dass er durch eine Bestätigung erst in dem System registriert wird, so muss der Bestätigungsvorgang vollständig abgeschlossen sein. Wenn Sie nun versuchen, den Wareneingang abzuschließen, wird automatisch eine Bestätigung erzeugt und der eigentliche Wareneingang als „In Verarbeitung" gekennzeichnet, bis die Bestätigung erfolgt ist.

168 Umgang mit Bestellungen

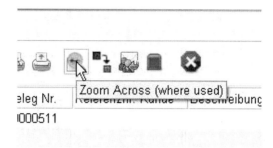

Aus dem *Wareneingang*-Dialog ist der Versand einer Bestätigung möglich.

Sie können die Bestätigung dann über den Wareneingang-Dialog über das *Zoom Across*-Icon öffnen. In dem *Ship/Receipt-Confirm*-Dialog geben Sie gegebenenfalls noch eine Beschreibung ins Feld *Beschreibung* ein und bringen die Nachricht mit einem Klick auf die Schaltfläche *Fertigstellen* auf den Weg.

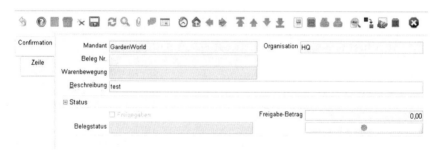

Die Bestätigung.

6.7 Rücksendungen

Zum Umgang mit Bestellungen gehören auch Rücksendungen an Ihre Lieferanten. Gründe für Rücksendungen gibt es natürlich viele, beispielsweise Produktmängel, vereinbarte Remissionsregelungen und dergleichen mehr. Auch solche Vorgänge lassen sich mit ADempiere abbilden und korrekt verbuchen. Fast alle Rücksendefunktionen finden Sie im Menü *Vertrieb> Lieferungen*.

Rücksendungen 169

Das Anlegen einer Rücksendekategorie.

Rücksendungen sind in ADempiere durch zwei Eigenschaften gekennzeichnet: die Rücksendekategorie und die Rücksenderichtlinie. Mit den Kategorien können Sie Rücksendungen klassifizieren und zusammenstellen. Mögliche Kategorien sind beispielsweise eine Hersteller-A-Kategorie oder auch eine Kategorie Defekt. Wichtig ist lediglich, dass sie die Gegebenheiten in Ihrem Unternehmen optimal abbilden. Mit den Richtlinien bestimmen Sie Regeln, die festlegen, wann Sie welche Produkte zurücksenden dürfen.

Um eine Rücksendekategorie zu erstellen, führen Sie den Befehl *Vertrieb> Lieferungen> Warenrücksendung – Freigabeart* aus.

Weisen Sie der Kategorie eine Bezeichnung, eine Beschreibung und eventuell einen detaillierten Kommentar zu. Speichern Sie die Kategorie und schon ist sie einsatzbereit.

Um eine Rücksenderichtlinie zu erstellen, führen Sie den Befehl *Vertrieb> Lieferungen> Warenrücksendung – Freigabe* aus.

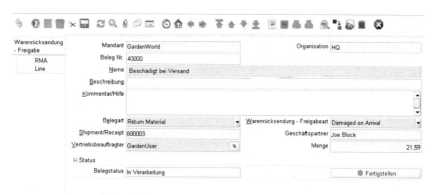

Eine Rücksenderichtlinie in der Entstehung.

Auch das Anlegen einer Rücksenderichtlinie ist einfach. Weisen Sie ihr eine Bezeichnung, eine Beschreibung und den Zeitraum in Tagen zu, innerhalb dessen eine Rücksendung möglich ist. Wenn Sie im Eingabefeld *TimeFrame* den Wert null eingeben, ist keine Rücksendung möglich.

Der Richtliniendialog verfügt über ein zweites Register: *RMA Line*. RMA steht für *Return Material Authorization*. Damit können Sie die Richtlinie einer Produktgruppe oder einem einzelnen Produkt zuweisen. Diese Zuweisung vereinfacht das Hantieren mit Rücksendeeinstellungen natürlich erheblich.

Das Zuweisen einer Rücksenderichtlinie zu einer Produktgruppe.

Rücksendungen (und die damit verbundenen Regelungen zwischen Ihnen und Ihren Lieferanten) sind aber längst nicht gleich Rücksendungen. Hier gibt es von Branche zu Branche und von Geschäftspartner zu Geschäftspartner zum Teil erhebliche Unterschiede. Letztlich ist alles immer Verhandlungssache. Im Buchhandel ist es üblich, dass der Händler sich von seiner Bezugsquelle meist die ausdrückliche Rücksendeerlaubnis holt.

6.8 Ausschreibung

Zum Firmenalltag gehört auch der Umgang mit Ausschreibungen, sei es, dass Sie Angebote im eigenen Interesse oder für einen Kunden einholen. Anhand der eingeholten Angebote entscheidet man sich dann meist für oder gegen einen Anbieter.

Da man in der Regel mehrere Angebote einholt, macht es natürlich Sinn, diese Aufgaben, soweit es möglich ist, zu automatisieren und auch für die weitere Abwicklung mit der Unternehmenslösung abzudecken.

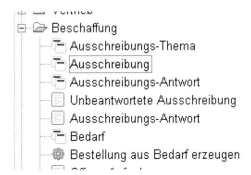

Die Ausschreibungsfunktionen der ADempiere-Installation.

Auch für diese typische Anforderung ist ADempiere gerüstet. In ADempiere heißen Angebotsanfragen *Request for Quotation*, kurz *RfQ*, in der deutschen Lokalisierung Anfrage. Die zugehörige Funktionalität erlaubt Ihnen die Durchführung unterschiedlicher Aktionen. Sie können beispielsweise eine Produktliste erstellen, für die Sie Angebote einholen wollen, Sie können von unterschiedlichen möglichen Lieferanten Angebote einholen, Angebote entgegennehmen und miteinander vergleichen, um dann schließlich eine Bestellung aufzugeben.

Um eine Angebotsanfrage zu erstellen, müssen Sie im ADempiere-System zuerst ein sogenanntes Ausschreibungs-Thema (*RfQ Topic*) erstellen. Das ist über das Menü *Beschaffung> Ausschreibungs-Thema* möglich. In dem zugehörigen Dialog erstellen Sie wie gewohnt mit einem Klick auf *Neuer Eintrag* einen neuen Eintrag.

Dem weisen Sie einen Mandanten, eine Organisation, eine Bezeichnung und eine Beschreibung zu. Mit dem Kontrollkästchen *Aktiv* aktivieren Sie die Anfrage wieder.

Wenn Sie wollen, dass andere Benutzer diese Anfrage abonnieren können, aktivieren Sie außerdem das Kontrollkästchen *Selbstbedienung*. Im Auswahlmenü *Druck-Format* steht Ihnen eine Vielzahl an Vorlagen für das Drucken der Angebotsanfrage zur Verfügung. Für diesen konkreten Fall sind zwei Vorlagen von Bedeutung:

- *RfQ Response* für eine Antwort auf die Anfrage.
- *RfQ ResponseLine* für die sogenannte Angebotantwortzeile.

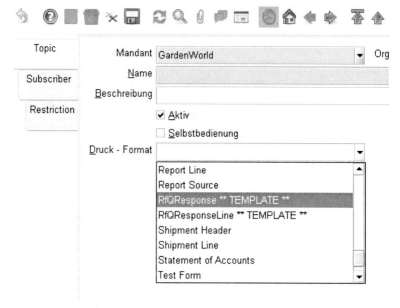

Die Einstellungen einer Angebotsanfrage.

Der Ausschreibungs-Dialog stellt Ihnen weitere Funktionen über die beiden Register *Subscriber* und *Restriction* zur Verfügung. Auf dem Register *Subscriber* verwalten Sie die Geschäftspartner, die eine Angebotsanfrage abonnieren können. Es dient insbesondere der Auswahl von Kunden, in deren Auftrag Sie Angebote einholen und bearbeiten. Für die Angebotsanfrage betreffende Einschränkungen verwenden Sie das Register *Restriction*. Hier können Sie beispielsweise ein Produkt oder eine Produktkategorie erstellen, auf die Ihre Geschäftspartner reagieren.

Nachdem Sie das Thema der Angebotsanfrage erstellt haben, ist im nächsten Schritt das Anlegen der eigentlichen Anfrage dran. Dazu wechseln Sie zum Menü *Ausschreibung*. Hier erwartet Sie ein umfangreicher Dialog, der Ihnen eine Fülle von Daten und Einstellungen abverlangt. Auch warten drei Register auf Sie: *Ausschreibung*, *Zeile* und *Menge*.

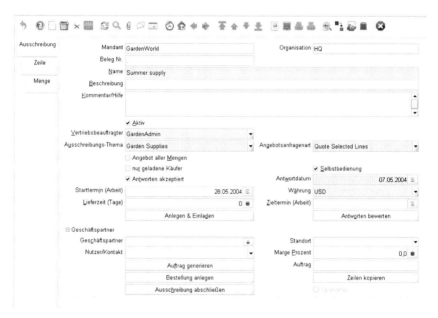

Die Einstellungen für die eigentliche Ausschreibung.

Im Kopfbereich des *Ausschreibung*-Registers hinterlegen Sie die Bezeichnung, eine Beschreibung und gegebenenfalls einen Kommentar. Standardmäßig ist die Anfrage mit dem Kontrollkästchen *Aktiv* aktiviert.

Es folgen die eigentlichen Einstellungen für Ihre Angebotsabfrage. Dazu bestimmen Sie im Auswahlmenü *Vertriebsbeauftragter* den zuständigen Mitarbeiter in Ihrem Unternehmen, der für die Anfrage zuständig ist. Über das Auswahlmenü *Ausschreibungs-Thema* wählen Sie das im vorhergehenden Schritt angelegte Thema der Anfrage aus.

Besonders bequem ist der Umgang mit der Angebotsanfrage für die angeschriebenen Lieferanten über den Webstore, eine webbasierte Komponente des ADempiere-Systems. Die Lieferanten können ihre Angebotsdaten – und nicht nur die – über das Web-Interface an das ADempiere-System übergeben. Dazu ist die Konfiguration bzw. die Anpassung der Webshop-Einstellungen erforderlich. Dazu später mehr.

Das nächste Auswahlmenü trägt die Bezeichnung *Angebotsanfragenart*. Hier stehen Ihnen drei Anfragetypen zur Auswahl:

- **Quote All Lines**: Wenn Sie diese Option wählen, werden Antworten auf Ihre Anfragen nur dann als vollständig behandelt, wenn alle Felder/Zeilen in Ihrer Anfrage ausgefüllt wurden.

- **Quote Selected Lines**: Hier müssen die ausgewählten Zeilen ausgefüllt werden.

- **Quote Total only**: Hier kann in jeder Zeile nur ein Wert stehen.

Die weiteren Einstellungen des *Ausschreibung*-Registers:

- **Angebote aller Mengen**: In einer Angebotsanfrage können prinzipiell mehrere Preise angegeben werden. Sollen in der Antwort alle Einträge für alle Mengen aufgeführt werden, so aktivieren Sie dieses Kontrollkästchen.

- **Nur geladene Käufer**: Aktivieren Sie dieses Kontrollkästchen, damit nur von Ihnen eingeladene Händler auf die Anfrage reagieren können. Diese können dann Ihre Daten über den Application Server übergeben.

- **Selbstbedienung**: Aktivieren Sie diese Option, wenn Ihre Benutzer Angaben über die Web-Schnittstelle machen können. Wenn Sie diese nicht verwenden, müssen die Antworten über den Mandanten eingetragen werden.

- **Antwortdatum**: In diesem Eingabefeld geben Sie das letzte Antwortdatum an.

- **Startbegin (Arbeit)**: Hier geben Sie an, wann die Arbeit beginnen soll.

- **Währung**: In diesem Auswahlmenü bestimmen Sie die Währung.

- **Lieferzeit (Tage)**: In diesem Eingabefeld bestimmen Sie die Vorgaben für die Zustelldauer.

- **Zieltermin (Arbeit)**: In diesem Datumsfeld geben Sie an, bis wann die Arbeit bzgl. des Angebots beendet sein soll.

Gerade die Termindaten sind natürlich für den potenziellen Lieferanten wichtig, damit dieser prüfen kann, ob der Auftrag überhaupt von ihm abgewickelt werden könnte.

Prinzipiell steht damit die Angebotsanfrage, und Sie können diese mit einem Klick auf die Schaltfläche *Anlegen & Einladen* erzeugen. Das System gibt einen Infodialog aus, auf dem Sie den Versand bestätigen.

Nach Ablauf der Angebotsfrist können Sie sich an den Vergleich der eingegangenen Antworten machen. Dazu klicken Sie auf die Schaltfläche *Antwort bewerten*.

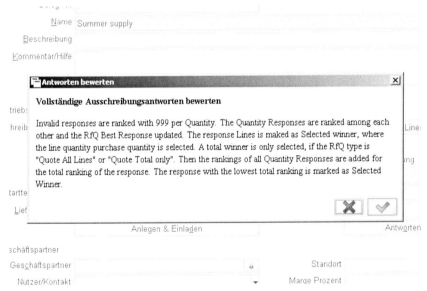

ADempiere startet die Bewertung der eingegangenen Nachrichten.

Wählen Sie aus der Bewertung einfach den für Ihren Fall passenden Anbieter und den Kontakt aus. Über die Schaltfläche *Bestellung anlegen* erteilen Sie den Verkaufsauftrag an den geeigneten Anbieter. Mit einem abschließenden Klick auf *Ausschreibung abschließen* schließen Sie die Angebotsanfrage.

Nachdem die von Ihnen angeschriebenen Lieferanten Ihre Anfrage über den Webshop beantwortet haben, können Sie sich die Antworten noch einmal in aller Ruhe über das *Ausschreibung*-Menü anstehen. Über das Untermenü *Ausschreibung*

Antwort präsentiert Ihnen ADempiere die Liste der Antworten. Außerdem fasst das System alle unbeantworteten Anfragen unter *Offene Anforderungen* zusammen.

Damit kennen Sie die wichtigsten Funktionen des ADempiere-Systems, die etwas mit Bestellungen und deren Verarbeitung zu tun haben.

7 Materialmanagement

Einen weiteren wichtigen Bereich der (inner-)betrieblichen Abläufe vermag ADempiere abzudecken: das Materialmanagement. Dieser Begriff beschreibt in der Regel den innerbetrieblichen Materialfluss (man spricht auch von Intralogistik) und den außerbetrieblichen Transport als ein zusammenhängendes logistisches System.

Konkret gehören dazu typische Aufgaben wie der technische Einkauf, das Befördern, das Lagern, das Verteilen, das Kommissionieren sowie die Bereitstellung und Entsorgung aller zur Erreichung des Unternehmenszwecks notwendigen Güter und Dienstleistungen – inklusive der logistischen Abläufe.

Im Mittelpunkt steht dabei meist das oder die Lager, in denen die Waren gelagert werden und die die verschiedenen Unternehmensbereiche bedienen. Auch die Materialbewegungen spielen in diesem Zusammenhang eine wichtige Rolle.

Ein Blick in das *Materialwirtschaft*-Menü zeigt, wie umfangreich die Funktionen für diesen Bereich sind.

178   Materialmanagement

Im Rahmen dieser Einführung kann leider nicht jede Funktion detailliert beschrieben werden. Für den Einstieg genügt es, dass Sie die Kernfunktionen des Materialmanagements mit ADempiere kennen.

7.1 Inventur

Wenn Sie damit beginnen, Ihr Unternehmen und die typischen Unternehmensabläufe mit ADempiere abzubilden, so müssen Sie natürlich auch den Warenbestand, den Sie bereits besitzen, erfassen. Mit der Funktion *Inventur*, einem Untermenü von *Materialwirtschaft*, können Sie genau das tun.

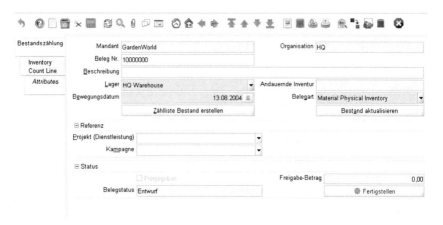

Das Erstellen von Inventureinträgen.

Für das Erstellen Ihrer Inventurliste stehen Ihnen im Dialog Inventur drei Register zur Verfügung: *Bestandszählung*, *Inventory Count Line* und *Attributes*. Die beiden ersten Register dienen dem Erstellen bzw. Ändern von Einträgen, das dritte ist eine Zählliste.

Um einen ersten Inventureintrag zu erstellen, klicken Sie im *Bestandszählung*-Register auf das Icon *Neuer Eintrag*. Dann bestimmen Sie folgende Eigenschaften:

- **Beleg Nr.**: Hier weisen Sie der Ware, eigentlich dem Dokument zur Ware, eine Nummer zu.

- **Beschreibung**: In diesem Eingabefeld hinterlegen Sie eine Beschreibung.

- **Lager**: Mit diesem Auswahlmenü bestimmen Sie das Lager.
- **Andauernde Inventur**: Diese Funktion ist bislang noch nicht verfügbar, soll aber in Zukunft nicht bewegliche Inventarelemente aufführen.
- **Bewegungsdatum**: Hier geben Sie das Datum der Bewegung in den Bestand an. Standardmäßig wird das aktuelle Datum angezeigt, es kann aber auch beliebig angepasst werden.
- **Belegart**: Erlaubt prinzipiell die Auswahl von Belegtypen. Solange Sie keine weiteren Dokumententypen angelegt haben, steht hier nur der Typ *Material Physical Inventory* zur Verfügung.

Unterhalb dieser allgemeinen Daten finden Sie zwei Schaltflächen. Mit einem Klick auf *Zählliste Bestand erstellen* tragen Sie den zuvor erzeugten (und gespeicherten) Eintrag in die Inventarliste ein. Es öffnet sich ein weiterer Dialog mit der Bezeichnung *Zählliste Bestand erstellen*. Den lassen Sie über das Eingabefeld *Lagerort* wissen, wo die Ware genau in Ihrem Lager abgelegt wird. Über das Icon am Ende des Lagerort-Felds können Sie die exakten Koordinaten angeben.

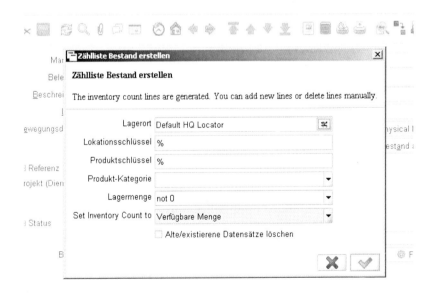

Die Detaileigenschaften des ersten Inventareintrags.

Mit den beiden Eingabefeldern *Lokationsschlüssel* und *Produktschlüssel* können Sie dem Eintrag einen Positions- und/oder einen Produktschlüssel zuweisen, der das spätere Auffinden und Verarbeiten womöglich erleichtert. Außerdem sollten Sie die Produktkategorie und die Inventarmenge angeben.

Sie können den Inventareintrag außerdem einem Projekt und einer Kampagne zuordnen. Dazu verwenden Sie die beiden Auswahlmenüs des Bereichs *Referenz*.

Auf dem Register *Inventory Count Line* finden Sie die eigentliche Inventurliste. Hier können Sie auch direkt neue Einträge hinzufügen.

Wenn alle Einstellungen den Gegebenheiten entsprechen, wechseln Sie wieder zum Register *Bestandszählung* und klicken im unteren Dialogbereich auf die Schaltfläche *Fertigstellen*.

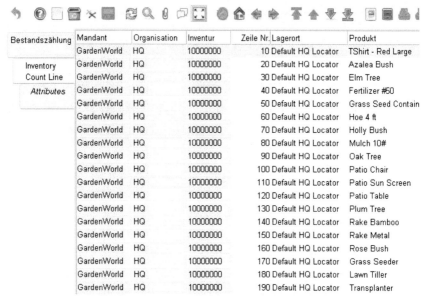

Auf dem Register *Inventory Count Line* finden Sie die Inventarliste.

7.2 Eigenverbrauch

Neben dem klassischen Inventar, also den Waren und Gütern, die Sie an Ihren Kunden veräußern, müssen Sie auch die Gegenstände verwalten, die Sie aus dem

Warenbestand entnehmen, die dann in den Unternehmensalltag einfließen. Wenn Sie beispielsweise Computerzubehör oder Autoersatzteile vertreiben, bietet es sich ja an, auf Warenbestände zurückzugreifen. Die zugehörigen Funktionen finden Sie im Untermenü *Eigenverbrauch* des *Materialwirtschaft*-Menüs.

Das Umbuchen ist wirklich wieder sehr einfach. Erzeugen Sie wie gewohnt einen neuen Eintrag und weisen Sie diesem neben dem Mandanten und der organisatorischen Einheit eine Dokumentennummer, eine Beschreibung, das Lager, den Entnahmezeitpunkt und den Dokumententyp zu. All diesen Einstellungen sind wir bereits im vorangegangenen Abschnitt begegnet.

Über den Bereich *Referenz* können Sie der Entnahme ebenfalls ein Projekt und/oder eine Kampagne zuweisen. Die Entnahme speichern Sie wie bei der Standardinventarfunktion mit einem Klick auf *Fertigstellen*.

7.3 *Warenbewegungen*

Wenn Sie in einem größeren Unternehmen mit mehreren Niederlassungen arbeiten, so ist es nichts Ungewöhnliches, wenn Waren zwischen den verschiedenen Standorten hin- und herbewegt werden – eben so, wie es am besten für die Umsetzung von Projekten und/oder Aufträgen passt.

Für den Transfer von Waren und Gütern zwischen unterschiedlichen Lagern stellt ADempiere Ihnen die Funktion *Inventory Moves* zur Verfügung, auf die Sie über das gleichnamige Untermenü des Material-Management-Bereichs zugreifen.

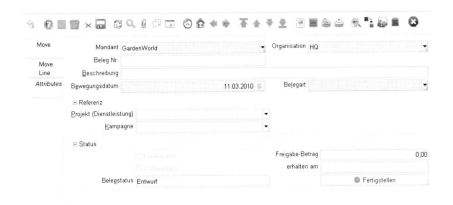

Die Definition der Lagerbewegungen.

Materialmanagement

Die Lagerbewegung wird auf zwei Registern definiert. Auf dem Register *Move* definieren Sie allgemeine Eigenschaften wie die Bezeichnung, das Bewegungsdatum etc., auf dem Register *Move Line* nehmen Sie die eigentliche Produktbewegung vor. Bevor Sie Verschiebungen anlegen, sollten Sie wissen, dass Sie immer nur ein Produkt mit einer Lagerbewegung verschieben können. Das gleichzeitige Verschieben mehrerer Güter in einem Vorgang scheint bislang nicht möglich zu sein.

Auf dem Register *Move* legen Sie die allgemeinen Eigenschaften der Lagerbewegung fest. Dazu gehören wieder die bekannten Einstellungen wie Dokumentennummer, Beschreibung, Datum der Bewegung und Dokumententyp. Nach dem Speichern dieser Einstellungen können Sie die eigentliche Bewegung auf dem Register *Move Line* ausführen.

Auf dem Register *Move Line* führen Sie die eigentliche Lagerbewegung aus.

Die wichtigsten Einstellungen für die Lagerbewegung:

- **Produkt**: Hier bestimmen Sie das Produkt, das Sie vom einen ins andere Lager verschieben wollen.

- **Lagerort**: Über dieses Menü bestimmen Sie das Lager, aus dem die Ware abgezogen wird.

- **Zu Lagerort**: Hier bestimmen Sie das Ziellager.

- **Bewegungsmenge**: Schließlich müssen Sie noch die Menge bestimmen, die zwischen den beiden Lagern transferiert wird.

Mit einem Klick auf die Schaltfläche *Fertigstellen* auf dem Register *Move* führen Sie die Bewegung aus.

Die Bewegungsmöglichkeit erlaubt es auch, Bestätigungen für die Warenverschiebungen einzuführen – ähnlich wie Sie es bei den Bestellungen und Lieferungen kennengelernt haben.

Dazu müssen Sie einen entsprechenden Dokumententyp einrichten. Hierfür klicken Sie im *Move*-Register mit der rechten Maustaste auf das Feld *Belegart* und führen den Befehl *Zoom* aus. Es öffnet sich der bereits bekannte Dialog *Belegart*. Hier wählen Sie unter *Hauptbuch-Kategorie* die Option *Material Management* und unter *Basisbelegart* die Option *Warenbewegung*.

Um die Bestätigung für die Verlagerung obligatorisch zu machen, müssen Sie die Option *In Bewegung* aktivieren. Sie zeigt eben dies an. Sichern Sie die Einstellung wieder mit einem Klick auf *Änderungen speichern* und einem abschließenden Klick auf *Fertigstellen*.

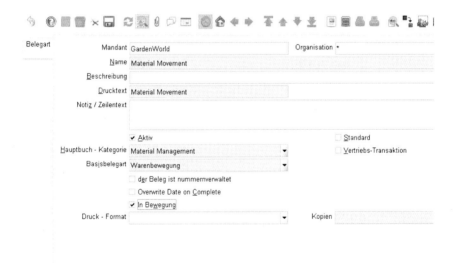

Die Anpassungen des Dokumententyps.

Alle Lagerbewegungen, die eine Bestätigung durch einen verantwortlichen Mitarbeiter erfordern, finden Sie ab sofort im Menü *Materialwirtschaft> Bestätigung Warenbewegung*. Wenn Sie einen Eintrag öffnen, stellen Sie fest, dass dieser auf dem Register *Bestätigung Warenbewegung* auf dem Register *Confirmation* den Status *Drafted* aufweist. Wechseln Sie zum Register *Zeile*, um die eigentliche Bestätigung zu erteilen. Dazu wiederholen Sie dort die Menge, die zwischen Lager A und Lager B transferiert werden soll, wechseln dann zurück zum Register *Move* und führen den Befehl *Fertigstellen* aus.

7.4 Produktion

Wenn Ihr Unternehmen zum produzierenden Gewerbe gehört, so benötigen Sie natürlich auch Funktionen, die Materialbewegungen bei der Produktion abbilden können, insbesondere auch die Verarbeitung von unterschiedlichen Komponenten zu einem Ganzen, die auf einer Stückliste basiert.

Die zugehörige Funktionalität finden Sie im Menü *Materiawirtschaft> Produktion*. Der zugehörige Dialog präsentiert Ihnen drei Register für die Konfiguration einer materialbasierten Produktion.

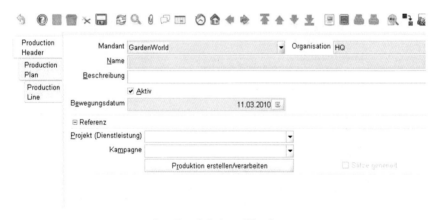

Der Produktions-Header.

Auf dem Register *Production Header* weisen Sie dem Eintrag eine Bezeichnung zu und bestimmen das Datum der Verschiebung. Hier zeigt sich bereits eine Schwäche der Produktionsfunktion: Sie erlaubt nicht die Abbildung von komplexen Produktionsschritten, bei denen ein Produkt über einen längeren Zeitraum hinweg aus den verschiedenen Lagerkomponenten zusammengesetzt wird. Jeder Schritt muss bei aufwendigen Produktionen einzeln definiert werden.

Auf dem Register *Production Plan* geben Sie das Endprodukt und die Produktionsmenge an. Bei dem Produkt muss es sich um einen Stücklisteneintrag (Bill of Material, BOM) handeln. Geben Sie unter *Lagerort* an, wo das Endprodukt gelagert werden soll.

Speichern Sie als Nächstes die Einstellungen und wechseln Sie wieder zurück zum Register *Production Header*. Dort klicken Sie auf den neu eingeblendeten Button *Produktion erstellen/verarbeiten*, um die Produktion einzuleiten. Stellen Sie außerdem sicher, dass die benötigte Produktmenge auf Lager ist.

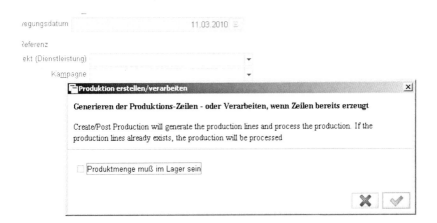

Die benötigte Produktmenge sollten Sie auf Lager haben.

Auf dem Register *Production Line* bestimmen Sie dann wieder die eigentliche Produktionsmenge. Diese legen im Eingabefeld *Bewegungsmenge* fest. Wechseln Sie gegebenenfalls nach dem Ändern der Menge noch einmal zum Register *Production Header* zurück und klicken Sie dort auf *Produktion erstellen/verarbeiten*.

7.5 Nachbestellungen

Auch den Nachbestellungen sind wir bereits begegnet. Damit können Sie steuern, welche Waren nachbestellt werden müssen. Um reibungslose Produktionsprozesse garantieren zu können, müssen Sie natürlich gerade bei selbst produzierten Gütern dafür sorgen, dass die Zulieferer Sie zeitig mit den benötigten Komponenten versorgen.

Der Nachbestellungsfunktion sind wir bereits in der Produktverwaltung begegnet. Aber auch in der Materialverwaltung taucht eine Nachbestellungsfunktion auf, genauer die Funktion für das Erstellen eines Nachbestellungsberichts.

Den Bericht starten Sie mit einem Klick auf *Materialwirtschaft> Nachbestellung*. In einem einfachen Auswahldialog bestimmen Sie zumindest das Lager. Sie können gegebenenfalls weitere Kriterien verwenden:

- Geschäftspartner
- Ursprung
- Belegart

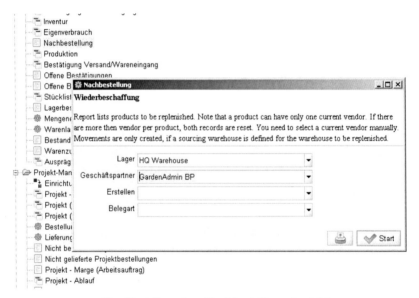

Das Erstellen eines Nachbestellungsberichts.

ADempiere erzeugt einen PDF-Bericht, dem Sie die Prozessinstanz, das Lager, das Produkt, den Geschäftspartner und die Maximal- und Mindestmenge entnehmen können.

Der Bericht wird automatisch nach dem Erstellen im Report-Viewer dargestellt.

8 Verkäufe verwalten

Das Hauptziel Ihres Unternehmens ist es vermutlich, möglichst viele Produkte und/oder Dienstleistungen zu verkaufen. Insbesondere der Umsatz und die erzielten Gewinne sind wichtige Gradmesser für Ihr Unternehmen. In diesem Kapitel schauen wir uns daher die Funktionen an, die ADempiere für den Umgang mit Verkäufen, dem Umsatz und Verkaufsaufträgen zu bieten hat. Um es vorwegzunehmen: Sie sind fast so umfangreich wie die Verkaufsfunktionen selbst.

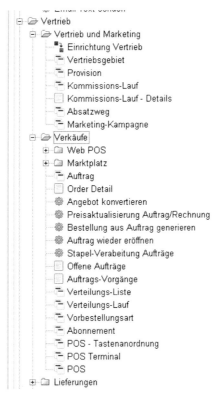

ADempiere stellt Ihnen für die Verwaltung von Verkäufen eine Vielzahl an Funktionen zur Verfügung.

Verschiedene wichtige Funktionen, die etwas mit Bestellungen und Verkäufen zu tun haben, finden Sie im Menü *Vertrieb*. Speziell die Funktionen für die Verkäufe finden Sie im gleichnamigen Untermenü. Andere finden Sie im Menü *Vertrieb und Marketing*. Für die Einrichtung von Verkäufen sind insbesondere die Funktionen des Menüs *Vertrieb und Marketing> Einrichtung Vertrieb* wichtig. Mit dem Untermenü *Einrichtung Vertrieb* richten Sie die Verkaufsvertreter, die Provisionen und die Marketingkanäle ein. Auch die Kampagnenverwaltung ist hier zu finden.

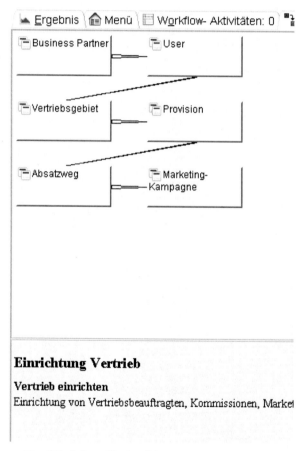

Der Workflow für das Einrichten des Vertriebs.

8.1 Vertrieb einrichten

Für das Einrichten von Verkäufen stellt Ihnen ADempiere wieder ein Workflow-Diagramm zur Verfügung, das Ihnen den Weg zu den ersten Einstellungen ebnet. Der Weg dahin ist durch folgende Schritte gekennzeichnet:

1. Auswahl bzw. Einrichten von Geschäftspartnern, die als Vertreter für Sie agieren.
2. Definition der Vertreter als ADempiere-Benutzer.
3. Einrichten von Vertriebsgebieten.
4. Definition von Vertreterprovisionen.
5. Einrichten von Absatzwegen.
6. Anlegen von Marketingkampagnen.

Einige dieser Schritte kennen Sie bereits, beispielsweise das Anlegen von Geschäftspartnern und von ADempiere-Benutzern. Diese müssen wir hier nicht wiederholen, sondern vielmehr konzentrieren wir uns auf das, was Sie bislang noch nicht kennen.

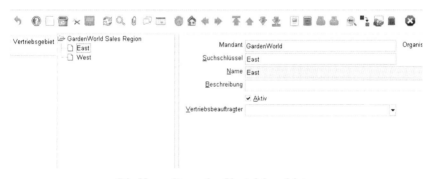

Die Verwaltung der Vertriebsgebiete.

Schauen wir uns daher zunächst an, wie Sie mit *Vertriebsgebiet* hantieren. Mit dieser Funktion müssen Sie sich natürlich nur dann befassen, wenn Sie verschiedene solcher Zonen benötigen.

Standardzonen sind beispielsweise Nord, Süd, West und Ost. Wenn Sie nur in der Bundesrepublik aktiv sind und in den verschiedenen Bundesländern mit eigenen Außendienstmitarbeitern vertreten sind, können Sie natürlich auch für jedes Bundesland eine Region erstellen.

Wenn Sie das erste Mal auf die Zonen-Funktionen zugreifen, finden Sie in GardenWorld-Demo zwei Regionen: West und East. Sie können die bestehenden Einträge mit einem Rechtsklick und dem Befehl *Satz verschieben* löschen. Neue Regionen erzeugen Sie wie gewohnt mit einem Klick auf *Neuer Eintrag*. Weisen Sie dem neuen Dokument eine Bezeichnung und vor allem einen Vertreter zu. Die Zuweisung von zwei oder mehreren Vertretern scheint nicht möglich zu sein.

Der nächste wichtige Schritt dient dem Erstellen von Provisionen. Hier bestimmen Sie die Grundlage, auf der sich das Gehalt Ihrer Vertreter berechnet. Auf dem zugehörigen Dialog bestimmen Sie die Berechnungsgrundlagen für die Beteiligung der Vertreter.

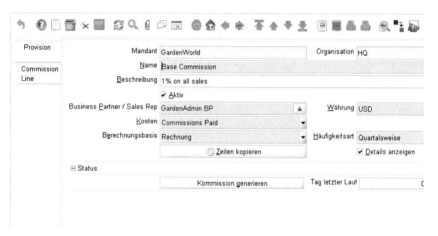

Die Berechnung der Vertreterprovision.

Eine Besonderheit der Provisionsfunktion ist sicherlich, dass Sie für eine Bestellung auch mehrere Provisionen einrichten können. Die Vertreter müssen nicht notwendigerweise zu Ihrem Unternehmen gehören, sondern können auch freiberuflich für Sie tätig sein.

Die Konfiguration der Provision ist einfach. Neben der Provisionsbezeichnung, der Beschreibung und dem Status weisen Sie der Konfiguration folgende Einstellungen zu:

- **Business Partner/Sales Rep**: Über dieses Auswahlmenü bestimmen Sie den Vertreter, dem Sie die Provision zuweisen wollen.
- **Währung**: Hier bestimmen Sie die Währung.
- **Kosten**: Hier geben Sie weitere Gebühren für die Provision an, beispielsweise Bankgebühren.
- **Berechnungsbasis**: In diesem Auswahlmenü bestimmen Sie die Kalkulationsbasis für die Berechnung der Provision. Sie haben die Wahl zwischen folgenden Optionen:
    - Rechnung: Die Provision basiert auf den Rechnungsbeträgen.
    - Auftrag: Die Provision basiert auf dem Bestellvolumen.
    - Receipt: Die Provision basiert auf dem Eingang.
- **Häufigkeitsart**: Hier bestimmen Sie, wie die Provisionsausschüttung erfolgt. Das sind natürlich Dinge, die Sie vertraglich mit Ihrem Vertreter regeln müssen. In der Regel erfolgt die Provisionszahlung monatlich bzw. quartalsweise. Sie haben hier die Wahl zwischen vier Optionen:
    - monatlich
    - quartalsweise
    - wöchentlich
    - jährlich

Nach dem Speichern der allgemeinen Provisionseinstellungen ordnen Sie diese auf dem Register *Commission Line* dem bzw. den gewünschten Vertretern zu. Hier können Sie unterschiedlichen Vertretern auch unterschiedliche Provisionseinstellungen zuweisen.

Wenn Sie in die Tabellenansicht schalten, erhalten Sie einen schönen Überblick über die verfügbaren Provisionseinstellungen und deren Zuordnung. In der Standardansicht lässt sich hingegen eine Zuordnung einfacher umsetzen.

Wenn Sie eine neue Zuordnung erstellen, können Sie dieser über das *Zeile Nr.*-Feld mehrere Zeilen zuordnen, in denen dann auch verschiedene Kalkulationsregeln definiert sind.

Die eigentliche Zuweisung erfolgt im Bereich *Referenz*. Hier bestimmen Sie insbesondere den Geschäftspartner, die Verkaufsregion und die Produktkategorie. Die

Berechnung erfolgt auf Grundlage der Eingabe in den Bereichen *Mengen* und *Beträge*. Sie sollten außerdem das Kontrollkästchen *Nur positiv* aktivieren. Dann werden negative Werte einfach ignoriert.

Damit sind die notwendigen Kommissionseinstellungen vorgenommen. Für die Prüfung, die Ausführung und das Erstellen der notwendigen Rechnung für Ihre Vertreter müssen Sie leider wieder ein anderes Menü bemühen. Die dafür zuständige Funktion trägt die Bezeichnung Kommissions-Lauf. Sie finden sie im Menü *Vertrieb> Vertrieb und Marketing> Kommissions-Lauf*.

Die Ausführung der Kommissionszahlung.

Auf dem Register *Kommissions-Lauf* werden die Bezeichnung der Kommission, die Beschreibung und der Startzeitpunkt der Berechnung angezeigt. Unter *Summe Gesamt* finden Sie außerdem den vom System errechneten Gesamtbetrag. Mit einem Klick auf *Rechnung generieren* können Sie die Abrechnung erstellen.

Auf dem Register *Kommissions-Lauf* finden Sie die Berechnungen für die verschiedenen dem Vertreter zugeordneten Bestellungen. Dort können Sie nochmals prüfen, ob alles seine Richtigkeit hat und dem Vertreter nicht versehentlich zu viele oder zu wenige Bestellungen zugeordnet wurden.

Das Register *Commission Detail* führt alle Vorgänge im Detail auf, die zu einer Gutschrift geführt haben. Hier können Sie ebenfalls noch einmal die Provisionsberechnung prüfen.

Um die Provisionierung und das Erstellen des Vertreterbelegs abzuschließen, wechseln Sie zurück zum Register *Kommissions-Lauf* und klicken auf *Rechnung generieren*.

8.2 Auftrag erstellen

Der nächste wichtige Bereich, den ADempiere bei den Verkäufen abdecken kann, ist der Umgang mit Verkaufsaufträgen. Bei einem Auftragsvorgang können Sie aus sieben verschiedenen Dokumententypen den passenden wählen. Damit bestimmen Sie die Art des Auftrags.

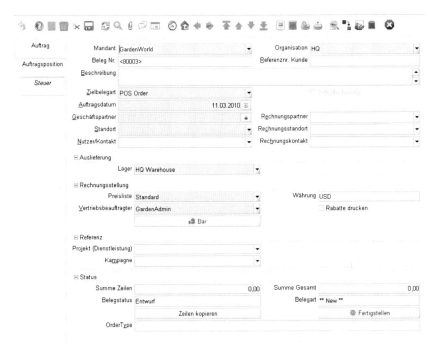

Das umfangreiche Formular für das Erstellen von Aufträgen.

Die Einstellungen für das Erstellen und Verwalten von Aufträgen finden Sie im Menü *Vertrieb> Verkäufe> Auftrag*. Wie Sie voranstehender Abbildung entnehmen können, ist der zugehörige Dialog sehr umfangreich.

Damit Sie die Aufträge und deren Verarbeitung im System richtig nutzen können, müssen diese auf dem Erstellen-Dialog korrekt klassifiziert werden. Dazu müssen Sie im Auswahlmenü *Zielbelegart* den richtigen Typen setzen. Sie haben die Wahl zwischen folgenden Optionen:

- **On Credit Order**: Bei diesem Bestelltyp wird die Ware samt Rechnung an den Besteller verschickt. Die Ausliefer- und Rechnungsdokumente werden vom System erzeugt. Bei diesem Typ gewähren Sie dem Kunden quasi einen Kredit und der Zahlungseingang muss manuell eingetragen werden.

- **POS Order**: Dieser Typ ist sehr flexibel. Hier werden die Güter samt Rechnung für den Versand vorbereitet und optional bezahlt. Die Zahlung wird getrennt geregelt.

- **Prepay Order**: Bei diesem Typ leistet der Kunde Vorkasse. Die Ware wird erst nach Zahlungseingang verschickt.

- **Proposal**: Hierbei handelt es sich um ein unverbindliches Angebot, das Sie manuell in jeden anderen Auftragstypen umwandeln können.

- **Quotation**: Hierbei handelt es sich um ein verbindliches Angebot, das die benötigten Waren für seine Ausführung automatisch blockiert. Es kann bei Bedarf in andere Verkaufstypen umgewandelt werden.

- **Standard Order**: Bei diesem Typ wird beim Eingang des Auftrags die benötigte Bestellmenge automatisch reserviert. Die Zustellung und die Rechnungserstellung können manuell erfolgen.

- **Warehouse Order**: Bei diesem Typ wird der Auftrag direkt vom Lager aus bedient. Der Lieferung liegt lediglich ein Lieferschein, aber keine Rechnung bei.

Mit dem Typ bestimmen Sie also die Art und Weise, wie ein eingegangener Auftrag abgearbeitet wird.

Nach der Wahl des Belegtyps legen Sie auf dem umfangreichen Dialog als Nächstes das Bestelldatum, den Kunden und die Lieferadresse fest. Sie können auch alternative Liefer- und/oder Rechnungsadressen angeben.

Das Lager, aus dem die Bestellung bedient wird, bestimmen Sie im Bereich *Auslieferung*. Hier wählen Sie aus dem Auswahlmenü *Lager* das geeignete Lager aus.

Wichtig für die Rechnungsstelle: Die Einstellungen des Bereichs *Rechnungsstellung*. Hier legen Sie insbesondere die Preisliste über das Auswahlmenü *Preisliste* fest.

Über die Schaltfläche *Fertigstellen* können Sie den Auftrag wie gewohnt abschließen. Doch zuvor sollten Sie über das Register *Auftragsposition* das Produkt und die Menge bestimmen. Gegebenenfalls müssen Sie auch die Steuern auf dem Register *Steuer* bearbeiten.

Verarbeiten von Aufträgen in einem Durchgang

Based on the selection criteria, the orders are processed using the document action selected. Make sure that the document action is valid for the documents.

Die Stapelverarbeitung von Bestellungen.

Eine weitere Besonderheit der Auftrags- und Bestellfunktion ist der Batch-Modus, mit dem Sie Bestellungen von einem Dokumentenstatus zu einem anderen verändern können.

Dazu führen Sie den Befehl *Stapel-Verarbeitung Aufträge* im Menü *Vertrieb> Verkäufe* aus. Es öffnet sich ein einfacher Verarbeitungsdialog, in dem Sie die Zielbelegart, den Belegstatus und den Geschäftspartner auswählen.

Aus dem Auswahlmenü *Belegverarbeitung* wählen Sie dann die gewünschte Aktion aus. Dort können Sie beispielsweise folgende Optionen verwenden:

- bestätigen
- abschließen
- annullieren
- in Vorbereitung
- abgelehnt
- erneut ausführen

Mit minimalem Aufwand können Sie so gezielt Aufträgen einen neuen Status zuweisen. Dank der verschiedenen Auswahlkriterien ist es zudem recht einfach, die gewünschten Aufträge auszuwählen.

8.3 Angebote umwandeln

Im Idealfall können Sie viele Ihrer Angebote, gleich, ob es sich um unverbindliche oder verbindliche handelt, in echte Aufträge und Verkäufe umwandeln. Auch dazu stellt Ihnen das *Vertrieb*-Menü die passende Funktion zur Verfügung. Sie trägt die Bezeichnung *Angebot konvertieren*.

Sie können dazu all jene Dokumente heranziehen, denen Sie den Belegtyp *Quotation* oder *Proposal* zugewiesen haben.

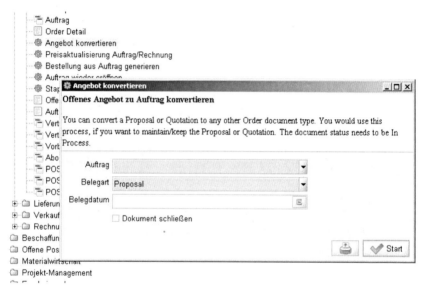

Das Umwandeln eines Angebots in eine Standardbestellung.

Die Handhabung der Umwandlungsfunktion ist einfach: In dem *Angebot konvertieren*-Dialog bestimmen Sie die Bestellungen, die kommende Belegart und das Datum. Mit einem Klick auf den grünen Haken führen Sie die Konvertierung durch. Nach Abschluss der Umwandlung gibt das System eine Bestätigung des Vorgangs mit der Bestellnummer aus.

8.4 Lieferungen anlegen und ausführen

Zu Ihren Verkäufen gehört natürlich auch die Auslieferung bestellter Waren und Güter. Auch die wollen in dem System angelegt und ausgeführt werden. Die relevanten Funktionen finden Sie im Menü *Vertrieb> Lieferungen*. Hier stellt Ihnen ADempiere verschiedene Zustellfunktionen zur Verfügung. Sie können Ihre Warenlieferungen manuell oder im Batch-Modus ausführen.

Besonders bequem ist die Ausführung im Batch-Modus. Hier erfolgt das Erstellen von Sendungen auf Grundlage der von Ihnen erstellten Auslieferungsregeln. Wenn Sie bei einer Bestellung ein Lieferdatum definiert haben, so führen Sie diese mit dem Befehl *Lieferschein generieren* aus. Gibt es mehrere Lieferungen für einen Empfänger, so werden diese vom System zu einer Lieferung zusammengefasst.

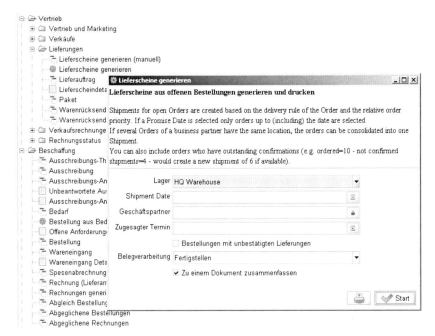

Die automatische Ausführung von Warenlieferungen mit ADempiere.

Die Verarbeitung ist einfach: Geben Sie im Dialog *Lieferschein generieren* das Lager, den Geschäftspartner und das zugesagte Lieferdatum an. Aktivieren Sie das Kontrollkästchen *Bestellungen mit unbestätigten Lieferungen*, wenn Sie zusätzliche

Sendungen zu Bestellungen und Aufträgen erzeugen wollen, bei denen noch die Bestätigung aussteht.

Bestimmen Sie dann im Auswahlmenü *Belegverarbeitung* die Dokumentenaktion. Sie haben die Wahl zwischen den Optionen *Fertigstellen* und *Vorbereiten*. Wenn Sie die Option *Fertigstellen* wählen, sind keine weiteren Änderungen mehr an der Konfiguration möglich und der Lieferbeleg kann nicht mehr modifiziert werden. Bei der Option *Vorbereiten* wird der Liefervorgang in den Status *In Verarbeitung* versetzt und es sind noch Änderungen, wie ein neuer Liefertermin, möglich. Hier muss der Versand manuell abgeschlossen werden.

Nachdem Sie die Lieferung(en) erzeugt haben, finden Sie diese im Dialog *Vertrieb> Lieferscheint> Lieferauftrag*.

Um eine Lieferung manuell zu erstellen, führen Sie den Befehl *Vertrieb> Lieferschein> Lieferschein generieren (manuell)* aus. Im zugehörigen Dialog wählen Sie das Lager und den Geschäftspartner aus. Nach der Auswahl wechseln Sie zum Register *Fertigstellen* und führen die Aktion aus.

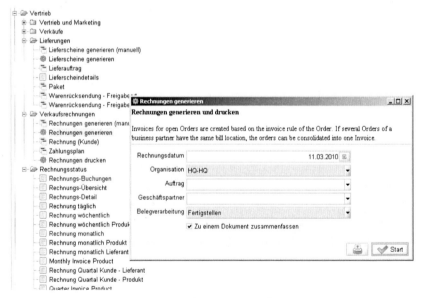

Das automatische Erzeugen von Rechnungen.

8.5 Rechnungen erstellen

Ihren Lieferungen müssen Sie natürlich auch eine ordentliche Rechnung beilegen. Rechnungen müssen für alle Standard- und Lagerbestellungen erzeugt werden. Auch hier kann das Erstellen manuell oder im Batch-Modus erfolgen. Wenn Sie viele Bestellungen und Sendungen zu verarbeiten haben, werden Sie sicherlich den Automatismus vorziehen.

Für die automatisierte Rechnungsstellung führen Sie im Menü *Vertrieb> Verkaufsrechnungen* den Befehl *Rechnungen generieren* aus. Bestätigen Sie die Aktion und bestimmen Sie dann im gleichnamigen Dialog das Rechnungsdatum, die organisatorische Einheit, die Bestellung, das Bestelldatum und den Geschäftspartner. Wie bei der automatisierten Lieferungserstellung können Sie auch hier im Auswahlmenü *Belegverarbeitung* die gewünschte Aktion (*Fertigstellen* oder *Vorbereiten*) wählen. Zum Abschluss des Vorgangs klicken Sie auf das grüne Häkchen.

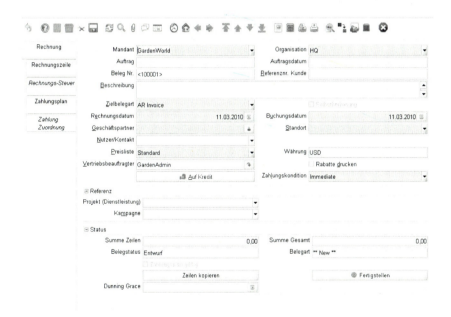

Der Dialog für das manuelle Erstellen von Rechnungen.

Auch hier sollte ADempiere Ihnen wieder eine Bestätigung mit den Rechnungsnummern ausgeben. Ähnlich wie bei der Sendungsverwaltung finden Sie die erzeugten Rechnungsdokumente anschließend im Verkaufsrechnungen-Untermenü *Rechnung (Kunde)*.

Um Rechnungen manuell zu erstellen, können Sie die Funktionen des *Rechnung (Kunde)*-Menüs oder den Befehl *Rechnungen generieren(manuell)* verwenden. Der erste Weg präsentiert Ihnen in der Tabellenansicht alle verfügbaren Rechnungen, der zweite erlaubt Ihnen die gezielte Auswahl von Geschäftspartnern.

Wenn Sie die Funktion *Rechnung (Kunde)* verwenden, so können Sie hier mit einem Klick auf das *Neuer Eintrag*-Icon eine neue Rechnung anlegen. Diese sollte mit folgenden Daten versehen werden:

- Rechnungsnummer
- Bestellnummer
- Beschreibung
- Rechnungstyp
- Rechnungsdatum
- Rechnungsempfänger samt Anschrift
- Preisliste
- Währung
- Zahlungsbedingungen

Wechseln Sie nach dem Speichern zum Register *Invoice Line*. Dort bestimmen Sie die Produkte und die Menge, die der Kunde bei Ihnen bestellt hat. ADempiere berechnet automatisch den Preis und zeigt diesen im Bereich *Amount* an.

Wenn Sie mit Ihrem Kunden eine Ratenzahlung vereinbart haben, so kann auch das mit der Rechnungsfunktion abgebildet werden. Wechseln Sie zum Register *Zahlungsplan* und wählen Sie im Auswahlmenü *Zahlungsplan* die Zahlungsweise aus. Diese muss zuvor allerdings in den Zahlungskonditionen konfiguriert sein.

Mit einem abschließenden Klick auf *Fertigstellen* auf dem Register *Rechnung* schließen Sie die Rechnungserstellung ab. Nun müssen Sie diese nur noch über das Druck-Icon auf einem Drucker ausgeben. Im Bericht-Viewer präsentiert Ihnen ADempiere die Rechnung und sie kann jetzt ausgedruckt werden.

Wenn Sie ein digitales Produkt veräußert haben, kann es auch sinnvoll sein, die Rechnung per E-Mail zu versenden. Klicken Sie dazu einfach im Bericht-Viewer auf das *E-Mail senden*-Icon.

8.6 Vertrieb und Distribution

Die meisten Unternehmen leben nicht vom Produzieren, sondern davon, dass sie Waren bei Herstellern beziehen und diese dann an die Endkunden veräußern. Dazu bedarf es einer ausgebauten Vertriebsstruktur, damit das erfolgreich ist. ADempiere stellt Ihnen auch hierfür die passenden Funktionen zur Verfügung, mit denen Sie Ihre Vertriebspartner verwalten und die Geschäfte mit diesen managen.

Distributionen enthalten in ADempiere zwei Elemente: die Distributionslisten und den Distributionslauf. In ADempiere werden hierfür die Begriffe Verteilungslisten und -lauf verwendet. Die Listen beinhalten Geschäftspartner und eine Distributionsmenge oder -anteil, um die Bestellungen zu erstellen, der Distributionslauf erzeugt Bestellungen, um Produkte an eine ausgewählte Liste von Partnern zu verteilen.

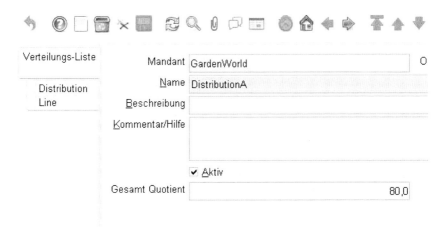

Die Funktionen zum Erstellen einer Distributionsliste.

Der erste Schritt bei der Definition von Distributionen ist das Erstellen einer Distributionsliste. Die zugehörige Funktion finden Sie im Menü *Vertrieb> Verkäufe> Verteilungs-Liste*. Um eine neue Liste zu erstellen, klicken Sie auf das *Neuer Eintrag*-Icon und weisen der neuen Liste eine Bezeichnung zu. Achten Sie hier besonders auf eine aussagekräftige Bezeichnung, da Distributionslisten mehrfach in den Distributionsläufen verwendet werden können. Sie können auch in verschiedenen Läufen eingesetzt werden. Außerdem können Sie der Liste einen Kommentar hinzufügen und sie mit dem Kontrollkästchen *Aktiv* aktivieren.

Die Informationen im Feld *Gesamt Quotient* werden vom System generiert und basieren auf den Ratioeinstellungen des Registers *Distribution Line*. Hier bestimmen Sie, wie bereits erwähnt, die Geschäftspartner und die Ratio. Eine weitere wichtige Konfiguration ist außerdem die Eingabe des Felds *Minimale Menge*. Hier bestimmen Sie die Mindestmenge für die Distribution.

Der nächste logische Schritt ist das Erstellen eines Distributionslaufs, der wie bereits erwähnt, Bestellungen erzeugt, um Produkte an eine ausgewählte Liste von Partnern zu verteilen. Dazu führen Sie den Befehl *Vertrieb> Verkäufe> Verteilungs-Lauf* aus.

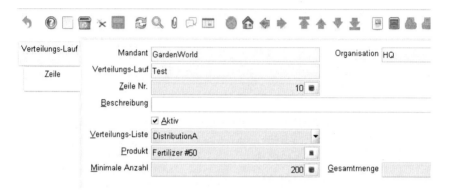

Das Erstellen eines Distributionslaufs.

Auf dem Register *Verteilungs-Lauf* legen Sie wieder die allgemeinen Eigenschaften wie den Namen und die Bezeichnung fest. Auf dem Register *Line* bestimmen Sie die Distributionsliste, das Produkt, die Mindestmenge und die Gesamtmenge.

Wechseln Sie als Nächstes wieder zum Register *Verteilungs-Lauf* zurück und erzeugen die Bestellungen mit einem Klick auf die Schaltfläche *Aufträge generieren*. ADempiere öffnet den Dialog *Aufträge basierend auf Zeilen der Verteilungsliste erstellen*. Hier wählen Sie den Dokumententyp, beispielsweise *Standard Order*, und das zugesagte Datum. Wenn Sie lediglich einen Test durchführen wollen, aktivieren Sie das Kontrollkästchen *Test*.

Vertrieb und Distribution

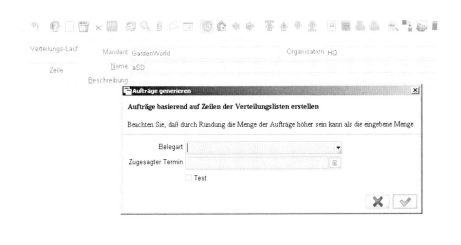

Testen Sie doch erst das Erstellen der Bestellungen.

Unabhängig davon, ob Sie einen Test durchführen oder nicht, präsentiert Ihnen ADempiere zum Abschluss eine Zusammenfassung, der Sie die erstellten Bestellungen samt Nummer und Geschäftspartner entnehmen können.

Wenn Sie keinen Testdurchlauf durchführen, sondern „echte" Bestellungen erzeugen, landen diese wie gewohnt in der Bestellverwaltung.

9 Zahlungen

Wenn Sie mit Ihrem Unternehmen Waren und/oder Dienstleistungen anbieten und verkaufen, so müssen Sie natürlich auch die Zahlungen Ihrer Kunden verbinden. Es genügt natürlich nicht, seine Produkte an den Mann bzw. die Frau zu bringen, sondern Sie müssen kontinuierlich Einnahmen und Ausgaben im Auge haben. Auch die offenen Posten sollten Sie immer im Blick haben.

Bevor Sie Zahlungen und Eingänge verarbeiten können, müssen Sie im ADempiere-System eine Bank und ein Kassenbuch anlegen. In einer Bank sind verschiedene definiert:

- Ihre Dokumente und deren Formate, auch Schecks
- Zahlungsmittel, wie Kreditkarten, Bankkonten etc.
- Buchhaltungsinformationen

Sie können mit einem Bank-Eintrag im ADempiere-System auch mehrere Bankkonten verwalten. Auch die Hauptwährung bestimmen Sie hier. Die Einstellungen für Ihre Bankdaten finden Sie im System-Admin-Menü unter *System-Administration> Einstellungen Organisation> Bank*.

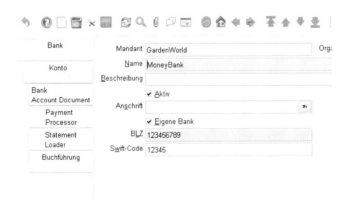

Die Daten Ihrer Bank.

9.1 Bank anlegen

Alle bankrelevanten Daten sind auf dem Bank-Dialog zu finden. Auf dem Register *Bank* bestimmen Sie neben dem Banknamen der Beschreibung, dem Status und der Adresse folgende Einstellungen:

- **Eigene Bank**: Aktivieren Sie dieses Kontrollkästchen, wenn dieser Bankeintrag zu Ihrem Unternehmen gehört. Sie können in ADempiere natürlich auch die Bankdaten Ihrer Geschäftspartner verwalten.

- **BLZ**: Hier geben Sie die Bankleitzahl an.

- **Swift-Code**: Der Swift-Code (Society for Worldwide Interbank Financial Telecommunication, Gesellschaft weltweiter Internetbank-Finanztelekommunikation) ist ein Identifikator einer Bank. SWIFT standardisiert den Zahlungsverkehr der Finanzinstitute untereinander.

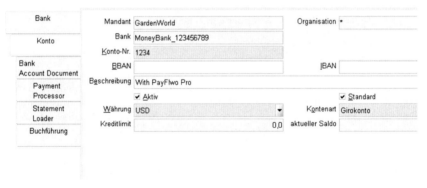

Die Kontenkonfiguration.

Auf dem Register *Konto* können Sie nun der Bankkonfiguration eines oder auch mehrere Konten zuweisen. Ein neues Konto legen Sie mit einem Klick auf den *Neuer Eintrag*-Button an.

Auf dem Konto-Register müssen Sie das ADempiere-System mit folgenden Daten füttern:

- **Konto-Nr.**: Hier geben Sie die Buchungsnummer an.

- **BBAN**: Die Basis-Kontonummer (Basic Bank Account Number) besteht aus einer Bankleitzahl und der Kontonummer, beide mit optionalen Prüfziffern. Die genaue Struktur ist länderspezifisch.

- **Beschreibung**: In diesem Eingabefeld hinterlegen Sie eine Beschreibung für das Konto.
- **Aktiv**: Mit diesem Kontrollkästchen aktivieren Sie die Nutzung dieses Kontos.
- **Standard**: Wenn dieses Konto Ihr Standardkonto für die meisten Buchungen sein soll, aktivieren Sie es mit diesem Kontrollkästchen.
- **Währung**: Über dieses Auswahlmenü bestimmen Sie die Währung des Kontos.
- **Kontoart**: Hier bestimmen Sie den Kontentyp. Sie haben die Wahl zwischen den zwei Optionen *Girokonto* und *Sparbuch*.

Das Infofeld *Kreditlimit* zeigt das Kreditlimit für dieses Konto an, das Feld *Aktueller Saldo* den aktuellen Saldo des Kontos.

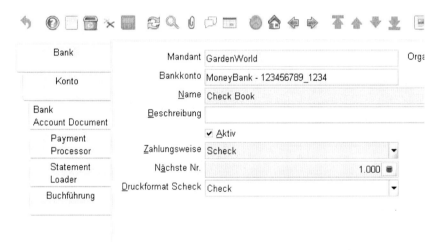

Die Dokumente für Ihren Bank-Account.

Das dritte Register trägt die Bezeichnung *Bank Account Document*. Hier definieren Sie die Dokumente, die Sie für dieses Konto verwenden wollen. Sie können unterschiedliche Dokumenttypen definieren, beispielsweise Schecks, Überweisungen und andere Zahlungsdokumente. Auch das Druckformat kann definiert werden.

Um einen neuen Dokumenttyp zu erstellen, klicken Sie wieder auf den *Neuer Eintrag*-Button. Im Formular wird automatisch das Bankkonto angezeigt. Weisen Sie dem Dokument als Nächstes eine Bezeichnung und eine Beschreibung zu. Aktivieren Sie es mit dem Kontrollkästchen, wenn Sie es direkt einsetzen wollen.

Außerdem sind drei weitere Einstellungen möglich:

- **Zahlungsweise**: Hier legen Sie fest, welche Zahlung mit dem Dokument abgewickelt wird. Sie können beispielsweise einen Bankeinzug, eine Kreditkartenzahlung oder eine Scheckzahlung anlegen.

- **Nächste Nr.**: Mit diesem Eingabefeld bestimmen Sie die nächste Nummer für dieses Dokument.

- **Druckformat Check**: Über dieses Auswahlmenü bestimmen Sie die Druckvorlage. Sie können beispielsweise einen Scheck- oder einen Überweisungsvordruck verwenden.

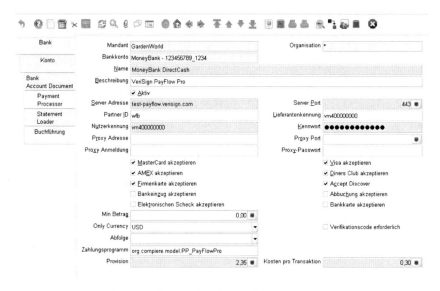

Die Einstellungen für den Zahlungsprozessor.

Der Zahlungsprozessor zeigt Ihnen den Prozessor an, der für elektronische Zahlungen verwendet wird. Natürlich können Sie auf diesem Register auch Ihre eigenen

Einstellungen vornehmen. Wie Sie voranstehender Abbildung entnehmen können, ist hier eine Vielzahl an Einstellungen möglich.

Neben den Standardeinstellungen wie dem Mandanten, der organisatorischen Einheit, dem Bankkonto, der Konfigurationsbezeichnung, der Beschreibung und dem Status, können Sie folgende Einstellungen vornehmen bzw. an Ihre Anforderungen anpassen:

- **Server-Adresse**: Hier geben Sie den Hostnamen bzw. die IP-Adresse des Prozessors an. Diese erhalten Sie von Ihrem Anbieter.
- **Server Port**: In diesem Eingabefeld geben Sie den Port des Zahlungs-Gateways an. Meist ist das der SSL-Port 443.
- **Partner ID**: In diesem Eingabefeld geben Sie die ID Ihres Partners an.
- **Lieferantenkennung**: Hier entsprechend die ID des Lieferanten.
- **Nutzerkennung**: Hier geben Sie die Benutzer-ID für die Nutzung der Zahlungsdienste an.
- **Kennwort**: In diesem Eingabefeld geben Sie das Passwort des Benutzers an.
- **Proxy Adresse**: Wenn Sie die Verbindung über einen Proxy-Server herstellen, geben Sie die Adresse des Proxy-Servers an.
- **Proxy Port**: Hier den Port des Proxy-Servers.
- **Proxy Anmeldung**: Erfordert der Proxy-Server eine Zugangskennung, so geben Sie hier den Benutzernamen an.
- **Proxy Passwort**: Hier das dazugehörige Passwort.

Es folgen verschiedene Accept-Einstellungen, mit denen Sie festlegen, welche Zahlungsmittel der Kunden akzeptiert werden. Sie können beispielsweise die Zahlung per MasterCard, American Express und/oder Visa unterstützen. Auch diese Einstellungen sind in erster Linie von Ihrem Anbieter abhängig.

Die weiteren Einstellungen:

- **Min. Betrag**: Hier geben Sie den Mindestbetrag für eine Transaktion an.
- **Only Currency**: Wenn Sie für diesen Account nur eine Währung akzeptieren wollen, bestimmen Sie die gewünschte Währung aus dem Auswahlmenü.

Zahlungen

- **Verifikationscode erforderlich**: Wenn Sie dieses Kontrollkästchen aktivieren, muss Ihr Geschäftspartner den Verifizierungscode der Kreditkarte, einen dreistelligen Wert, der auf der Rückseite der Karte zu finden ist, für die Transaktionen mit dem Zahlungsdienst angeben.
- **Abfolge**: Hier bestimmen Sie die Nummerierungsreihenfolge der Dokumente. Das zugehörige Auswahlmenü bietet Ihnen verschiedene Nummerierungsschemata an.
- **Zahlungsprogramm**: Hier können Sie die Java-Klasse bestimmen, die für die Verarbeitung der Daten zuständig ist.
- **Provision**: Geben Sie hier den Prozentsatz der Provision an, der an den Anbieter fließt. Die Einstellung dient lediglich der Information und hat keine Wirkung auf die internen Berechnungen.
- **Kosten pro Transaktion**: In diesem Eingabefeld geben Sie die Kosten pro Transaktion an.

Die Einstellungen des Registers *Statement Loader* dienen der Konfiguration des sogenannten Bankauszugsladeprogramms. Die notwendigen Einstellungen für dieses Register erhalten Sie von Ihrer Bank.

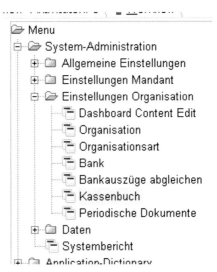

Auch das Kassenbuch ist in den Organisationseinstellungen zu finden.

9.2 Kassenbuch

Als Nächstes müssen Sie ein Kassenbuch erstellen. Das ist der buchhalterische Erfassungsort für alle Geschäftsvorfälle Ihres Unternehmens, die mit Bargeld bezahlt wurden.

Der Saldo des Kassenbuches gibt an, wie viel Bargeld sich in der Geschäftskasse des Unternehmens befindet. Weiterhin beinhaltet das Kassenbuch auch die Buchungsbelege der festgehaltenen Geschäftsvorfälle.

Die Einstellungen für das Kassenbuch sind über das Menü *System-Administration> Einstellungen Organisation> Kassenbuch* verfügbar. Das Erstellen und Einrichten eines Kassenbuchs ist einfach: Geben Sie eine Bezeichnung, eine Beschreibung und den Status an. Außerdem sollten Sie die Währung über das Auswahlmenü *Währung* bestimmen. Sie können mit dem Kassenbuch sowohl Barzahlungen Ihrer Kunden also auch eigene Barausgaben aufzeichnen.

Ist das Kassenbuch eingerichtet, können Sie die ersten Barzahlungen mit ADempiere verbuchen. Diese werden im sogenannten Kassenjournal aufgezeichnet. Darauf greifen Sie über das Menü *Offene Posten> Kassenjournal* zu. Beim Zugriff auf das Kassenbuch präsentiert Ihnen ADempiere das Standardkassenbuch. Natürlich können Sie wieder über den *Neuer Eintrag*-Button neue Bücher erstellen.

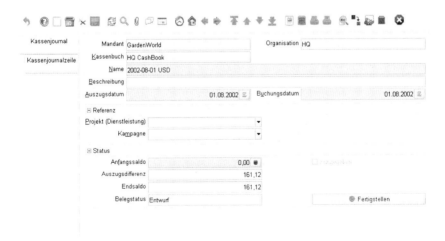

Die Einstellungen des Kassenbuchs.

Der Kassenbuchdialog präsentiert Ihnen zwei Register: *Kassenjournal* und *Kassenjournalzeile*. Das Register *Kassenjournal* dient der Definition allgemeiner Kassenbucheigenschaften, auf dem Register *Kassenjournalzeile* nehmen Sie die eigentlichen Buchungen vor.

Die wichtigsten Einstellungen des Registers *Kassenjournal* im Überblick:

- **Auszugsdatum**: Zeigt das Datum des aktuellen Journals an.
- **Buchungsdatum**: Tage der Abrechnung in der Buchhaltung
- **Anfangssaldo**: In diesem Eingabefeld definieren Sie das Anfangsguthaben der Kasse.

Um eine erste Buchung im Kassenbuch vorzunehmen, wechseln Sie zum Register *Kassenjournalzeile* und klicken dort auf *Neuer Eintrag*. In der Tabellenansicht können Sie sich einen Überblick über getätigte Bareinnahmen und -ausgaben verschaffen. Bei der Kassenbuchbuchung müssen Sie den Typ und den Betrag bestimmen. Als Kassenart stehen folgende Optionen zur Auswahl:

- Abgaben/Gebühren
- Differenz
- allgemeine Kosten
- Rechnung
- allgemeiner Eingang

Im Eingabefeld *Betrag* geben Sie außerdem den Betrag des Eingangs bzw. der Ausgabe an.

Zahlungseingänge verbuchen 215

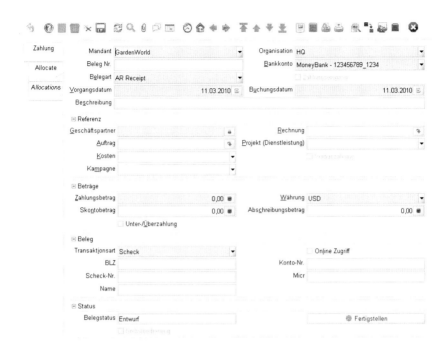

Auf dem *Zahlung*-Dialog verbuchen Sie Ihre Zahlungseingänge.

9.3 Zahlungseingänge verbuchen

Der Umgang und das Verbuchen von Zahlungseingängen ist eine komplexe und auch fehleranfällige Angelegenheit. Einige Zahlungen erfolgen automatisch, beispielsweise bei Kreditkartenzahlungen, andere müssen manuell im System gebucht werden. Wieder andere können gebucht und dann beispielsweise mangels Deckung aufseiten des Kunden wieder rückgängig gemacht werden.

Die Überwachung der Zahlungseingänge und deren Verfolgung bzw. Anmahnung bei ausstehenden Eingängen ist eine der wichtigsten Aufgaben in einem Unternehmen – unabhängig davon, ob Sie eine Lösung wie ADempiere einsetzen oder nicht.

Die Funktionen für den Umgang mit Kundenzahlungen finden Sie im Menü *Offene Posten> Zahlung*. Wenn Sie Zahlungen manuell verbuchen wollen, so führen Sie den *Zahlung*-Dialog aus. Der zugehörige Dialog ist in fünf Bereiche unterteilt. Im

Kopfbereich bestimmen Sie neben dem Mandanten die Dokumentennummer, das Bankkonto sowie das Transaktions- und Buchungsdatum.

Im Bereich *Referenz* wählen Sie den Geschäftspartner, die Rechnung und die Bestellung aus. Der Bereich *Beträge* dient der Angabe des Zahlungseingangs. Unter *Document* geben Sie insbesondere im Auswahlmenü *Transaktionsart* den Transaktionstyp an. Hier können Sie beispielsweise Zahlungen per Check verbuchen. Gegebenenfalls tragen Sie auch die Bankdaten ein.

Sind alle relevanten und notwendigen Daten eingetragen, können Sie die Buchung wie gewohnt mit einem Klick auf die *Fertigstellen*-Schaltfläche abschließen.

Mithilfe von ADempiere können Sie natürlich nicht nur die Eingänge verbuchen, sondern diese am besten auch gleich der passenden Rechnung zuordnen. Das erleichtert es später, offene Rechnungen zu identifizieren und die Fehlbeträge anzumahnen. Für die Zuordnung verwenden Sie den Befehl *Zahlungs-Rechnungs-Zuordnung*-Dialog. Die Zuordnung kann sogar automatisiert werden.

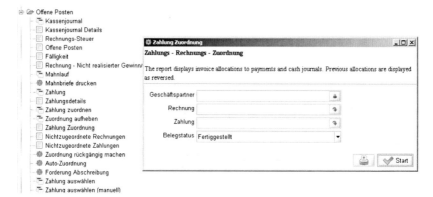

Die Zuordnung von Zahlung und Rechnung.

Die Zuordnung erfolgt über den Befehl *Zahlung Zuordnung*. In dem gleichnamigen Dialog wählen Sie den Geschäftspartner aus. Der Zuordnungsdialog führt alle Zahlungen des Kunden und die Rechnungen an diesen auf. Für die Zuordnung markieren Sie einfach die Rechnung(en) und den bzw. die Eingänge und klicken anschließend auf *Start*. Schon ist die Zuordnung erfolgt.

Wie bereits erwähnt, ist auch die automatisierte Zuordnung möglich. Dazu führen Sie den Befehl *Offene Posten> Auto-Zuordnung* aus. Sie müssen lediglich den Geschäftspartner oder die Gruppe auswählen. Den Rest erledigt ADempiere.

Zahlungserinnerungen und Mahnungen 217

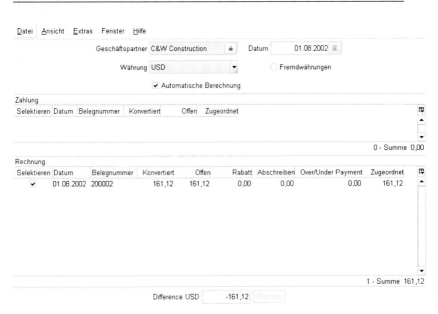

Das Zuordnen von Zahlungen und Rechnungen.

9.4 Zahlungserinnerungen und Mahnungen

ADempiere beherrscht auch das Erstellen von Zahlungserinnerungen und Mahnungen, mit denen Sie Ihre Kunden an die Zahlung erinnern können. Sie finden die Funktionen im Menü *Offene Posten> Mahnlauf*. Auch hier ist die Handhabung recht einfach. Mit dem Mahnlauf bestimmen Sie die Mahnstufe und das Datum, an dem die Erinnerungen erstellt werden.

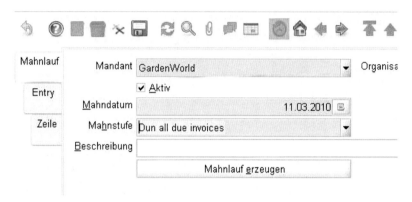

Die Einstellungen für den Mahnlauf.

Wichtig beim Erzeugen eines Mahnlaufs ist die Wahl des sogenannten Dunning Levels. In dem zugehörigen Auswahlmenü stehen Ihnen zwei Optionen zur Auswahl:

- **Dun all due invoices**: Bei dieser Option werden alle Kunden angemahnt, die noch Rechnungen offen haben.
- **Statement**: Hier erfolgt die Mahnung auf Grundlage der Kontoauszüge.

Klicken Sie nach der Wahl des Levels auf die Schaltfläche *Mahnlauf erzeugen*, um den Mahnlauf zu starten. ADempiere präsentiert Ihnen einen weiteren Dialog, auf dem Sie weitere Eigenschaften, wie beispielsweise den Geschäftspartner, bestimmen.

Zahlungserinnerungen und Mahnungen 219

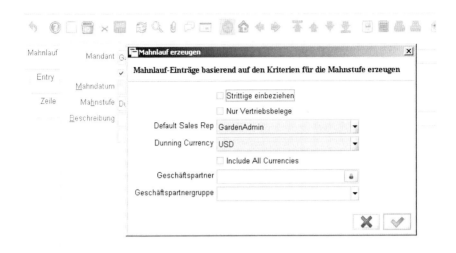

Weitere Einstellungen für den Mahnlauf.

Auf dem *Mahnlauf erzeugen*-Dialog stehen Ihnen folgende Einstellungen zur Verfügung:

- **Strittige einblenden**: Aktivieren Sie diese Option, wenn auch die Rechnungen berücksichtigt werden sollen, die als *Strittig* gekennzeichnet sind. Diese Rechnungen sind strittig, beispielsweise weil der Kunde eine unvollständige Lieferung reklamiert hat oder die Ware spät zurückgeschickt hat.
- **Nur Vertriebsbelege**: Wenn Sie dieses Kontrollkästchen aktivieren, werden nur Verkaufsrechnungen analysiert.
- **Default Sales Rep**: Hier bestimmen Sie den Ansprechpartner im Unternehmen des Käufers.
- **Dunning Currency**: Hier die Währung.
- **Include all Currencies**: Wenn Sie alle Währungen in den Mahnlauf einschließen wollen, aktivieren Sie diese Option.
- **Geschäftspartner**: Hier bestimmen Sie den Geschäftspartner.
- **Geschäftspartnergruppe**: Und hier die Geschäftspartnergruppe, bei der nach offenen Rechnungen gesucht wird.

Im Unterschied zu den meisten anderen ADempiere-Dialogen mit mehreren Registern müssen Sie bei der Mahnfunktion nicht erst auf einem anderen Dialog weitere Details definieren, sondern können den Mahnlauf mit einem Klick auf die Schaltfläche *Mahnlauf erzeugen* starten.

Ist die Suche beendet, zeigt Ihnen der Dialog in der Statuszeile die Anzahl der gefundenen Einträge an. Um diese in Augenschein zu nehmen, wechseln Sie zum Register *Entry*. Hier werden alle anzumahnenden Kunden aufgeführt. Jeder Eintrag wird in der Tabellenansicht als eine Zeile aufgeführt. Der jeweiligen Zeile können Sie insbesondere im vom ADempiere-System erzeugten Feld *Menge* den Fehlbetrag entnehmen. In dem zweiten Feld *Menge* zeigt das System die Anzahl der offenen Rechnungen an.

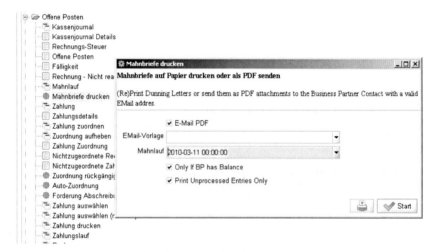

Das Drucken der Mahnungen.

Und es kommt noch besser: ADempiere spuckt auf Knopfdruck nicht nur die nicht bezahlten Rechnungen aus, sondern kann sie auch noch direkt ausdrucken bzw. in eine E-Mail packen. Dazu führen Sie den Befehl *Offene Post> Mahnbriefe drucken* aus.

10 Abrechnungsschema und Kostenrechnung

Das Unternehmensziel ist in der Regel das Erzielen eines Gewinns, meist auch das Erreichen eines gewissen Wachstums. Um die Rentabilität Ihres Unternehmens einschätzen zu können, müssen Sie am Ende des Tages, der Woche, des Monats und des Jahres prüfen, was Sie verdient haben. Außerdem müssen Sie die Kosten für die Produktion und Leistungserbringung kennen, um wirtschaftlich sinnvoll agieren zu können.

10.1 Abrechnungsschema

Für die Bewertung der Wirtschaftlichkeit stellt Ihnen ADempiere ein sogenanntes Abrechnungsschema (Accounting Schema) und die GAAP-Funktionen (Generally Accepted Accounting Principles, zu Deutsch „Allgemein anerkannte Rechnungslegungsgrundsätze") zur Verfügung.

Ein Abrechnungsschema ist eine Kombination auf nationalen Rechnungslegungsstandard wie GAAP, der Kostenmethode und der Währung. Bei GAAP handelt es sich um eine allgemeine Bezeichnung für die US-amerikanischen Vorschriften der Rechnungslegung, die die Buchführung sowie den Jahresabschluss der Unternehmen regeln. Sie entsprechen etwa dem deutschen Sprachgebrauch der Grundsätze ordnungsmäßiger Buchführung. Sie hat weltweite Relevanz.

Ein Abrechnungsschema legt die Regeln fest, die bei der Kontenführung angewandt werden. Es berücksichtigt auch die Kostenplanung, die Zahlungsmittel und das Kalendarium.

Für das Einrichten und die Nutzung der Abrechnungsfunktionen stellt Ihnen ADempiere eine Fülle an Buchführungsfunktionen zur Verfügung, die über das Menü *Ergebnisanalyse> Stammdaten* verfügbar sind. Wenn Sie die ersten Gehversuche mit diesen Funktionen unternehmen, so sollten Sie wieder zur Workflow-Funktion greifen, die Sie durch die verschiedenen Schritte für das Einrichten eines Abrechnungsschemas führt.

Das Workflow-Diagramm ist über *Ergebnisanalyse> Stammdaten> Einrichtung Buchführung* verfügbar. Zum Einrichten eines Schemas sind sechs Schritte erforderlich:

1. Einrichten eines Kalenders und eines Abrechnungszeitraums
2. Definition der Kostenelemente des Abrechnungsschemas
3. Einrichten eines Abrechnungsschemas
4. Einrichten und Verwalten von Hauptbuchkategorien
5. Reihenfolge der Dokumente festlegen
6. Einrichten der benötigten Dokumententypen/Belegart

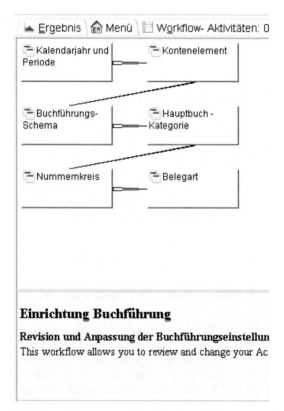

Das Workflow-Diagramm führt Sie durch die notwendigen Schritte zur Einrichtung eines Abrechnungsschemas.

Gehen wir die einzelnen Schritte und ihre wichtigsten Einstellungen durch. Der erste Schritt dient dem Einrichten eines Kalenders und eines Abrechnungszeitraums. Es versteht sich von selbst, dass Sie für eine Erfolgsanalyse Ihres Unternehmens bestimmte Zeiträume definieren müssen, um die Wirtschaftlichkeit Ihrer Aktivitäten beurteilen und mit anderen Zeiträumen vergleichen zu können.

Inzwischen sind Sie ja mit der typischen Vorgehensweise beim Anlegen neuer Einträge in ADempiere vertraut. Daher stellt auch das Erstellen eines ersten Zeitraums keine größeren Anforderungen an Sie. Im Dialog *Kalenderjahr und Periode* bestimmen Sie die gewünschte Periode.

Auf dem Register *Kalender* erzeugen Sie einen neuen Eintrag für den Abrechnungszeitraum. Dem weisen Sie den Mandanten, die organisatorische Einheit, eine Bezeichnung und eine Beschreibung zu.

Wechseln Sie dann zum Register *Jahr* und erzeugen Sie dort das Geschäftsjahr. Dazu genügt es, diesem eine Bezeichnung zuzuweisen. Sie können dieses anlegen, indem Sie auf die Schaltfläche *Create Periods* klicken. ADempiere erzeugt dann automatisch eine mit den Perioden 1 bis 12 für das Geschäftsjahr.

Wenn Ihnen die automatisch generierten Perioden nicht zusagen, wechseln Sie zum Register *Period Control*. Dort können Sie Änderungen vornehmen. Über das letzte Register *Geschäftsfreier Tag* können Sie außerdem die Tage einrichten, die keine Arbeits-/Geschäftstage sind.

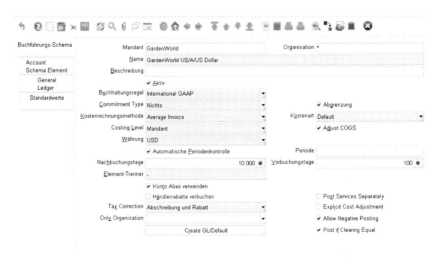

Die Definition des Buchführungsschemas.

Der zweite Schritt dient der Konfiguration der Kontenelemente. Diese Elemente werden von dem Abrechnungsschema benötigt. Die Auswahl der Elemente erfolgt auf dem Register *Element Wert*. Dort bestimmen Sie, welche Elemente Sie mit welchen Werten verwenden wollen.

Der nächste Schritt dient dem Einrichten eines Buchführungsschemas. Ihre ADempiere-Installation kommt mit einem Standardschema daher, anhand dessen Sie erkennen, welches dessen wichtigste Einstellungen sind. Mit dem Abrechnungsschema bestimmen Sie die Abrechnungsmethoden und Elemente der Abrechnungsstruktur. Dazu ist die Angabe des Kontos und der Organisation erforderlich, kann aber auch um andere Elemente, wie Geschäftspartner, Produkte etc., ergänzt werden.

Neben dem Namen, einer Beschreibung und dem Status weisen Sie dem Abrechnungsschema folgende Einstellungen zu:

- **Buchführungsregel**: In diesem Auswahlmenü bestimmen Sie den Rechnungslegungsstandard. Sie haben die Wahl zwischen folgenden Optionen:
    - Deutsches HGB
    - French Accounting Standard
    - US GAAP
    - Custom Account Rules

    Wenn Sie Ihr Unternehmen in Deutschland führen, wählen Sie natürlich den Eintrag *Deutsches HGB*. Falls nicht, kann Ihnen Ihr Finanzamt bzw. Ihr Steuerberater weiterhelfen, welche die passende Option ist.

- **Commitment Type**: Was dieser Schalter genau leistet, konnte ich nicht in Erfahrung bringen.

- **Abgrenzung**: Wenn Sie dieses Kontrollkästchen aktivieren, werden Rechnungen und Ausgaben zu dem Zeitpunkt verbucht, zu dem sie fakturiert wurden.

- **Costing Method**: Über dieses Auswahlmenü bestimmen Sie das Kalkulationsverfahren. Es legt fest, wie die Kosten kalkuliert werden (Plankosten oder Durchschnittskosten). Sie haben die Wahl zwischen den Optionen *Average PO*, *FiFo*, *Last Invoice*, *Average Invoice*, *LiFO*, *Last PO Price* und *Standard Costing*.

- **Kostenart**: Hier legen Sie die Art der Kosten fest. Bislang gibt es allerdings nur einen Typ, den Standardtyp.

- **Costing Level**: Hier bestimmen Sie den Kostenlevel.
- **Währung**: Über dieses Auswahlmenü bestimmen Sie die Währung.
- **Automatic Period Control**: Aktivieren Sie diese Option, wenn der Abrechnungszeitraum automatisch geöffnet werden soll.
- **Element-Trenner**: Hier bestimmen Sie das Trennzeichen, wenn Sie eine Abrechnungskombination darstellen wollen.
- **Konto Alias verwenden**: Aktiviert erlaubt die Option die Verwendung von Aliases für Account-Kombinationen.
- **Händlerrabatte verbuchen**: Aktivieren Sie dieses Kontrollkästchen, wenn Handelsrabatte auf ein spezielles Konto gebucht werden sollen.
- **Post Services Separately**: Auch Dienstleistungen können extra verbucht werden.
- **Tax Correction**: Dient der Korrektur der Steuerverbuchung.
- **Explicit Cost Adjustment**: Wenn Sie dieses Kontrollkästchen aktivieren, werden Soll und Haben bei Rechnungen für Kosten einschließlich Ausladen und Zoll getrennt aufgeführt.
- **Only Organization**: Hier wählen Sie die organisatorische Einheit aus, für die Einträge erzeugt werden.

Mit einem Klick auf die Schaltfläche *Create GL/Default* sichern Sie diese Einstellungen. Dazu ist lediglich die Auswahl des gewünschten Abrechnungsschemas erforderlich.

Der nächste Schritt ist optional und erlaubt Ihnen über den Dialog *GL Category* das Einführen und Verwalten von Kategorien in Ihrem Kassenbuch.

Auch die beiden letzten Schritte sind nicht sonderlich schwierig. Hier bestimmen Sie die Reihenfolge der Belege und die Belegtypen. Dabei können Sie insbesondere neue Belege erstellen.

10.2 Kostenrechnung

In einem Unternehmen müssen auch die anfallenden Kosten für die Unternehmensvorgänge verwaltet und überwacht werden. Damit ist die Kostenrechung und die Kostenkontrolle ein wichtiges Mittel für die kurz- und mittelfristige (operative) Planung von Kosten und Erlösen.

Die Kostenrechnung erlaubt Ihnen insbesondere die Berechnung der Kosten, die für die Produktion der verschiedenen Waren anfallen. Auf Grundlage dieser Informationen können Sie dann einen betriebswirtschaftlich sinnvollen Preis kalkulieren, damit Ihr Unternehmen aus seinem Wirtschaften auch einen Gewinn erzielen kann.

Sicher ahnen Sie es schon: Auch für die Kostenrechnung verfügt ADempiere über umfangreiche Funktionen. Sie finden diese im Menü *Ergebnisanalyse> Kostenrechnung*. Dort können Sie unterschiedliche Kostentypen erstellen, Kostenelemente definieren und Produktionskosten kalkulieren. Außerdem stehen Ihnen in dem Costing-Menü verschiedene Berichtfunktionen zur Verfügung.

ADempiere stellt Ihnen umfangreichen Kostenrechnungsfunktionen zur Verfügung.

Im Mittelpunkt der Kostenfunktion stehen die Kostentypen. Damit können Sie unterschiedliche Kostenarten einrichten, um diese jeweils zu kennzeichnen. Wie Sie bei der Einrichtung des Abrechnungsschemas gesehen haben, weisen Sie dem Schema Kostentypen zu.

Um Ihre eigenen Kostentypen einzurichten, führen Sie den Befehl *Kostenrechnung> Kostenart* aus. In dem zugehörigen Dialog geben Sie wie gewohnt die Bezeichnung des Kostenpostens, eine Beschreibung und einen Kommentar an. Speichern Sie anschließend den Kostentyp.

Als Nächstes erstellen Sie ein sogenanntes Kostenelement. Damit können Sie die verschiedenen Elemente definieren, die die Kosten verursachen. Um ein Kostenelement anzulegen, führen Sie den Befehl *Kostenrechnung> Kosten-Element* aus. Beim Umgang mit Kostenelementen sollten Sie wissen, dass einige vom System berechnet werden können, andere wiederum nicht – immer abhängig davon, welche Informationen das System besitzt.

Das Formular zum Erstellen eines Kostenelements füllen Sie mit dem Namen und der Beschreibung. Die Eigenschaften der Kostenelemente bestimmen Sie über die beiden Auswahlfelder *Cost Element Type* und *Kostenrechnungsmethode*.

Als Kostenelementtypen stehen Ihnen fünf Optionen zur Auswahl:

- Burden (M. Overhead) – Kosten
- Material – Material
- Overhead – Geschäftskosten
- Resource – Produktionsmittel
- Outside Processing – Verarbeitung außerhalb des Unternehmens

Als Kalkulationsverfahren können Sie folgende Optionen wählen:

- Average PO – Preis der durchschnittlichen Bestellung
- FiFo (First in – First out) – Preis der ältesten Bestellung zuerst
- Last Invoice – letzte Rechnung
- Average Invoice – Durchschnittsrechnung
- LiFo (Last in – First out) – jüngste Kosten zuerst
- Last PO Price – Preis der letzten Bestellung
- Standard Costing – Standardpreis

Wenn Sie ein Produkt erzeugen oder eine bestimmte Dienstleistung erbringen, so fließen in das Entstehen meist eine Vielzahl von Kosten ein. Dabei ist es bei der Erstkalkulation nicht immer einfach und eindeutig möglich, alle Kostenfaktoren exakt zu beziffern und in die Kalkulation einfließen zu lassen.

Die Kostenberechnung für ein Produkt erfolgt im Menü *Produktkosten*. Hier bestimmen Sie die verschiedenen Faktoren, die in die Gesamtkosten einfließen. Hier können Sie auch über das Register *Produktkosten* weitere Kosten anlegen und der Kalkulation hinzufügen.

Natürlich können Sie die Einzelkosten auch jederzeit neu festlegen und so die Gesamtkosten für die Produktion auf den neuesten Stand bringen.

11 Berichte und Informationen

Bislang haben Sie verschiedene Funktionen kennengelernt, die Ihnen verraten, wie es um Ihre Bestellungen, die finanziellen Eingänge und offene Rechnungen bestellt ist. Diese Einzelinformationen liefern Ihnen wichtige Informationen zur Bewertung der Unternehmensaktivitäten.

Um aber fundierte Entscheidungen fällen zu können, welches die nächsten Schritte in der Unternehmensplanung und -entwicklung sein sollen, benötigen Sie fundierte Informationen aus den unterschiedlichen Unternehmensbereichen. Die liefern Ihnen die verschiedenen Bericht- und Informationsfunktionen des ADempiere-Systems.

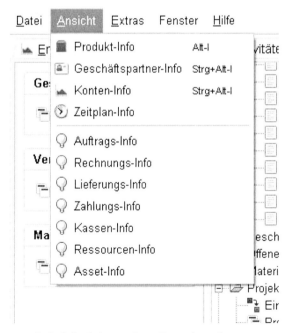

Die Infofunktionen des ADempiere-Systems.

Verschiedenen Berichten sind wir bereits begegnet. Sie sind leider nicht in einem eigenen Berichtmenü zusammengefasst, sondern in den jeweiligen Menüs zu finden. Die Berichte zu Ihren Sendungen finden Sie beispielsweise unter *Vertrieb> Lieferungen> Lieferscheindetails*, die Informationen zu Ihren Leads an anderer Stelle. Anders ist das mit den Infofunktionen: Die sind im Menü *Ansicht* des ADempiere-Hauptfensters verfügbar.

Wie Sie voranstehender Abbildung entnehmen können, erlaubt das *Ansicht*-Menü den Aufruf von sieben verschiedenen Informationen. Exemplarisch sei die Funktionalität anhand des Befehls *Auftrags-Info* gezeigt. Die Funktionalität der anderen Menüeinträge entspricht im Wesentlichen dieser.

Nach der Ausführung des *Auftrags-Info*-Befehls präsentiert Ihnen ADempiere den *Auftrags-Info*-Dialog, über den Sie mithilfe der Felder *Belegnummer*, *Geschäftspartner* etc. die Ausgabe auf bestimmte Einträge beschränken können. Wenn Sie alle Bestellungen ausgeben wollen, klicken Sie einfach auf *Return*.

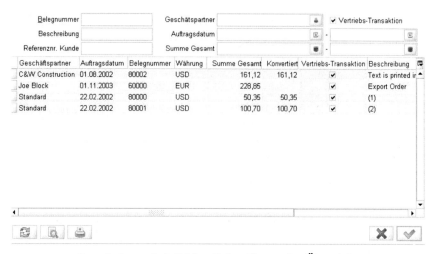

Der *Auftrags-Info*-Dialog liefert Ihnen eine Übersicht der eingegangenen Bestellungen.

Abhängig von den von Ihnen verwendeten Filtern gibt der Info-Dialog die passenden Ergebnisse aus. Über das Drucker-Icon erzeugen Sie wieder einen PDF-Bericht, den Sie dann ausdrucken oder per Mail verschicken können. Aus dem Berichtfenster heraus können Sie auch die PDF-Datei mit *Datei> Eintrag suchen* durchsuchen.

Aus der Druckvorschau heraus können Sie außerdem verschiedene Anpassungen für die Berichtausgabe definieren, beispielsweise das Papierformat und die Reihenfolge der Informationen. Der Bericht-Viewer verfügt über weitere interessante Funktionen. Sie können beispielsweise die Berichte in verschiedene Formate exportieren, beispielsweise nach CVS, Excel, HTML und XML. Dazu später mehr.

Ein Standardbericht – hier die Details zu Ihren Lieferscheinen – kann an Ihre Anforderungen angepasst werden.

11.1 Berichte anpassen

Das Schöne an der Berichtfunktion: Sie können die Berichte an Ihre Anforderungen anpassen. Sie können insbesondere die Reihenfolgen und die Sortierung der Elemente und auch deren Formatierung ändern. Für die Berichtanpassung klicken

Sie in der Symbolleiste des Report-Viewers auf das Icon *Anpassen Bericht*, das einen Schraubendreher und einen Schraubenschlüssel zeigt. Im zugehörigen Dialog *Druck Format* können Sie die erwähnten Anpassungen vornehmen.

Der *Druck Format*-Dialog stellt Ihnen vier Register für die Anpassung der Druckausgabe zur Verfügung. Auf dem Register *Print Format* können Sie insbesondere das Papierformat, die Schrift und die Schriftfarbe bestimmen.

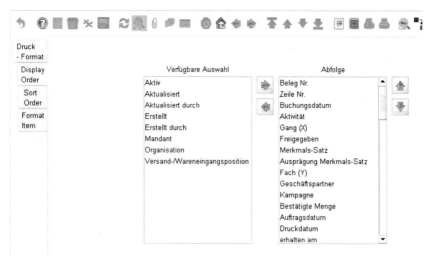

Die Einstellungen für die Darstellungsreihenfolge.

Auf dem Register *Display Order* bestimmen Sie, welche Elemente auf dem Bericht auftauchen und deren Reihenfolge. Über die Spalte *Verfügbare Auswahl* können Sie weitere Elemente dem Bericht hinzufügen. Dazu markieren Sie einen Eintrag und verschieben diesen über den Pfeil in die Abfolge-Spalte. Die Reihenfolge im Bericht passen Sie dann über die Pfeile nach oben bzw. nach unten an. Markieren Sie einen oder auch mehrere Einträge und verschieben Sie diese entsprechend Ihren Vorstellungen. Um mehrere Einträge zu markieren, halten Sie die Strg-Taste gedrückt und ändern dann die Position.

Die Funktionen des Registers *Sort Order* sind mit denen der Darstellungsreihe vergleichbar. Auch hier stehen Ihnen zwei Auswahldialoge zur Verfügung, mit denen Sie die Darstellung und deren Reihenfolge bestimmen.

Berichte anpassen **233**

Am umfangreichsten sind die Einstellungen auf dem Register *Format Item*. In der Listendarstellung können Sie erkennen, welche Elemente in dem Bericht auftauchen. In ihr und auch im Bearbeitungsmodus können Sie weitere Anpassungen der Druckausgabe der einzelnen Elemente definieren.

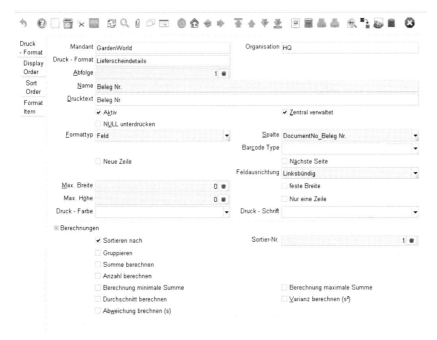

Die umfangreichen Einstellungen des Registers *Format Item*.

Die wichtigsten Einstellungen des Registers *Format Item* im Überblick:

- **Abfolge**: Der Zahlenwert bestimmt die Reihenfolge in der Berichtausgabe. Der Wert 1 steht für den ersten Eintrag, der Wert 2 für den zweiten usw.
- **Name**: Gibt die Feldbezeichnung in der Druckausgabe an.
- **Drucktext**: Hier bestimmen Sie den Text, der in der Kopfzeile der Tabelle ausgegeben wird. Sie können dabei verschiedene Variablen verwenden, deren Inhalt dynamisch ersetzt wird:

- o @*Page@ – Fügt die aktuelle Seitenzahl ein.
- o @*PageCount@ – Fügt die Gesamtseitenzahl ein.
- o @*MultiPageInfo@ – Zeigt Seite x von y an. Diese Information wird nur bei mehrseitigen Berichten angezeigt.
- o @*CopyInfo@ – Zeigt an, dass es sich um ein Duplikat eines Originals handelt.
- o @*ReportName@ – Zeigt den Berichtnamen an.
- o @*Header@ – Fügt den vollständigen Header mit dem Mandanten-, Firmennamen etc. in den Bericht ein
- o @*CurrentDate@ – Fügt das aktuelle Datum in den Bericht ein.
- o @*CurrentDatenTime@ – Zeigt den Zeitpunkt des Drucks an.

- **Drucktext**: Fügt den hier angegebenen Text nach der Feldbezeichnung ein.
- **NULL unterdrücken**: Wenn Sie dieses Kontrollkästchen aktivieren, werden Spalten ohne Werte nicht angezeigt.

Die Einstellungen für den Formattyp *Image/Bild*.

- **Formattyp**: Hier bestimmen Sie das Format des geöffneten Elements. Es kann sich beispielsweise um Felder, Bilder, Linien und Text handeln. Wenn Sie den Typ *Bild* für Bilder verwenden, präsentiert Ihnen der Dialog verschiedene Einstellungen für das Einfügen einer Bilddatei, beispielsweise für die Anpassung der Ausrichtung und Größe der Abbildung.

Sie können Bilder in den Formaten GIF, JPEG und PNG einfügen. Wenn Sie den Typ *Feld* verwenden, so können Sie ebenfalls verschiedene Anpassungen wie die Größe vornehmen. In diesem Fall finden Sie im Bereich *Berechnungen* verschiedene Berechnungsmöglichkeiten, mit denen Sie z. B. die Summenkalkulation aktivieren.

Was kann man nun konkret mit diesen Funktionen anfangen? Ein Beispiel verdeutlicht das. Wenn Sie in Ihren Berichten und Rechnungen beispielsweise Ihr Firmenlogo einfügen wollen, so wechseln Sie zu den Druckformateinstellungen, erstellen in der Formatverwaltung ein neues Element und weisen dem beispielsweise die Bezeichnung *Firmenlogo* zu. Bestimmen Sie die Reihenfolge des Elements und wählen Sie als Formattyp *Bild*. In den Einstellungen für die Grafik bestimmen Sie die URL zur Grafik und deren Größe und Ausrichtung.

Die Einstellungen für den Druck.

11.2 Druckgestaltung

Für die Druckausgabe von Bestellungen, Rechnungen und anderen Belegen greift ADempiere auf vordefinierte Header zurück. Diese verwalten Sie im Menü *System-Administration> Allgemeine Einstellungen> Drucken*. Hier weisen Sie dem Druck von Bestellungen beispielsweise den Bestell-Header zu.

11.3 Finanzbericht

Für die finanziellen Belange in Ihrem Unternehmen stellt ADempiere Ihnen verschiedene spezifische Funktionen zur Seite, die auf zwei Bereiche spezialisiert sind: die Bilanz und die Kontoauszüge. Beide bestehen wiederum aus zwei Elementen:

- **Berichtspaltensatz**: Er kennzeichnet die Spalten, die in einem Bericht verwendet werden.

- **Berichtszeilensatz**: Hier bestimmen Sie die Daten, die in dem Bericht auftauchen.

Auf Grundlage dieser beiden Elemente können Sie neue Berichte erzeugen, die Ihnen wichtige Informationen zur finanziellen Entwicklung des Unternehmens liefern.

Die Berichtfunktionen für Ihre Finanzen.

Den Berichtspaltensatz definieren Sie über *Ergebnisanalyse> Berichtswesen> Berichtspalten-Satz*. Die Handhabung beider Funktionen ist weitgehend selbsterklärend. Sie bestimmen einfach die Daten und Quellen, die für Ihre Berichte wichtig sind, und fügen Sie dann zusammen.

Eine weitere Besonderheit der Finanzberichte ist die Report-Hierarchie. Damit können Sie mehrere Berichthierarchien erzeugen, die nicht der Unternehmenshierarchie folgen müssen. Vielmehr können Sie eigene Hierarchien einführen, um beispielsweise jeweils die Verkäufe über Ihre Händler und die über Ihre Online-Shops zusammenzufassen.

Nachdem Sie die Berichtsspalten- und Berichtzeilensätze erstellt haben, können Sie sich als Nächstes an das Erstellen von Finanzberichten machen. Dazu wechseln Sie zur Funktion *Ergebnisanalyse> Berichtswesen> Finanz-Bericht*.

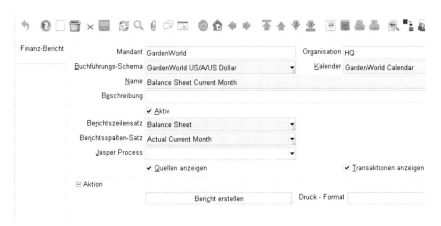

Die Funktion für das Erstellen von Finanzberichten.

Die Berichtfunktion verlangt die Auswahl des Abrechnungsschemas, die Wahl des Geschäftsjahres sowie die Auswahl der oben definierten Berichtsätze. Aktivieren Sie außerdem die Option *Quellen anzeigen*, wenn die Quellen ebenfalls in dem Bericht auftauchen sollen. Standardmäßig ist die Option nicht aktiviert, wobei lediglich eine Zusammenfassung der Quellen im Finanzbericht auftaucht.

Klicken Sie als Nächstes auf die Schaltfläche *Bericht erstellen*. ADempiere präsentiert Ihnen einen weiteren Auswahldialog, in dem Sie verschiedene Filter für die Berichterstellung aktivieren, beispielsweise den Zeitraum, den Geschäftspartner oder die Verkaufsregion.

ADempiere erzeugt den Bericht auf Grundlage Ihrer Filter und Einstellungen und gibt diesen wie gewohnt im Bericht-Viewer aus.

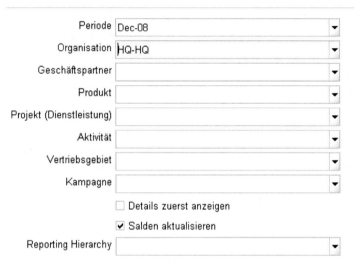

Mithilfe der verschiedenen Filter bestimmen Sie, welche Inhalte in dem Bericht zu finden sind.

Für die Bilanz und die Kontoauszüge stehen entsprechende Funktionen bereit, deren Nutzung im Wesentlichen dem zuvor beschriebenen Finanzbericht entspricht.

12 Umgang mit Anfragen

Als aufmerksamer ADempiere-Anwender ist Ihnen sicherlich aufgefallen, dass der Hauptdialog im unteren Bereich die beiden Schaltflächen *Statusmeldung* und *Anfrage* aufführt. Hinter der einen verbergen sich Meldungen, hinter der anderen Anfragen. Im Unternehmensalltag werden Sie mit den unterschiedlichsten Anfragen konfrontiert, beispielsweise wenden sich Kunden mit Support-Anfragen an Sie, erkundigen sich Geschäftspartner nach der Verfügbarkeit und/oder Lieferzeit eines Produkts oder wenden sich Mitarbeiter mit Verbesserungsvorschlägen an das Management.

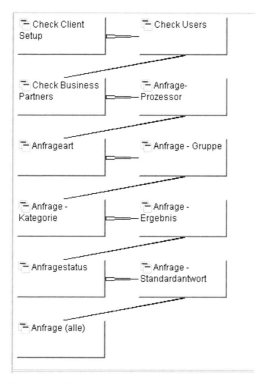

Der Workflow für den Umgang mit Anfragen.

Der Ursprung von solchen Anfragen ist letztlich zweitrangig. Wichtig ist nur, dass Sie eine Lösung für deren Verarbeitung haben. In vielen Unternehmen kommen für die Verarbeitung von Anfragen sogenannte Ticket-Systeme wie OTRS zum Einsatz. Einziges Problem: Sie integrieren sich nur schlecht in bestehende Infrastrukturen.

Da ADempiere eine Fülle an typischen Ticket-Funktionen bietet, sparen Sie sich ein zweites Produkt. Von Vorteil ist sicherlich auch, dass es keine Probleme beim Datenaustausch mit Drittanwendungen gibt. Die Anfrage-Funktionen finden Sie im *Request*-Menü.

Wenn Sie das erste Mal mit den Anfrage-Funktionen arbeiten, bietet es sich an, wieder zum Workflow-Diagramm zu greifen. Es führt Sie durch die insgesamt elf Schritte:

1. Prüfen des Mandanten-Setups, damit Sie auch Anfragen per Mail erhalten können.
2. Sicherstellen, dass die Benutzer per Mail erreichbar sind und Ihnen ein Mitarbeiter zugewiesen ist.
3. Sicherstellen, dass die Geschäftspartner mit Ihnen per Mail kommunizieren können.
4. Anlegen der Anfrage-Prozessoren.
5. Anlegen und Verwalten von Anfragearten.
6. Anlegen und Verwalten von Anfragegruppen.
7. Einrichten von Anfragekategorien.
8. Anlegen von Anfragelösungen wie *Gelöst, In Bearbeitung* etc.
9. Verwalten des Request-Status, wie *Offen*.
10. Anlegen von Standardtextblöcken für die vereinfachte Beantwortung der Anfragen.
11. Übersicht aller Anfragen und deren Bearbeitung.

Der erste Schritt ist schnell erledigt. Mit einem Klick auf das *Check-Client-Setup*-Icon öffnen Sie die Mandanten-Einstellungen. Auf dem Register *Mandant* finden Sie im unteren Bereich *Anfrage-Management* die Einstellung für den Mail-Austausch. Nachdem Sie die relevanten Daten eingetragen haben, können Sie die Funktionalität der Einstellungen mit einem Klick auf *Teste EMail* prüfen.

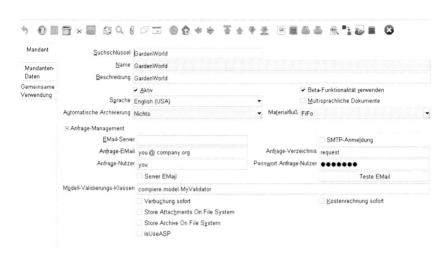

Die Anfrageeinstellungen aufseiten des Mandanten.

Der nächste Schritt dient dem Sicherstellen, dass die Benutzer per Mail erreichbar sind und Ihnen ein Mitarbeiter zugewiesen ist. Dazu öffnen Sie über die *Check-Users*-Schaltfläche die E-Mail-Konfiguration der Benutzer. Prüfen Sie dort, dass Ihre Benutzer über eine korrekte E-Mail-Konfiguration verfügen.

Entsprechend gehen Sie bei Ihren Geschäftspartnern vor. Öffnen Sie deren Einstellungen mit einem Klick auf *Check Business Partners*. Es öffnet sich der Dialog *Geschäftspartner*. Dort wechseln Sie zum Register *Nutzer/Kontakt* und prüfen die E-Mail-Einstellungen. Speichern Sie Änderungen und schließen Sie den Dialog.

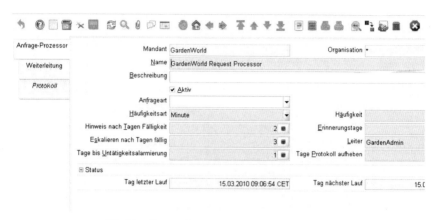

Die Konfiguration des Anfrage-Prozessors.

Als Nächstes sind die Einstellungen des Anfrage-Prozessors dran. Hier können Sie verscheidene Prozesse für die Verarbeitung der Anfragen und deren Eigenschaften definieren. Auf dem Register *Anfrage-Processor* bestimmen Sie folgende Eigenschaften:

- **Anfrageart**: Über dieses Auswahlmenü bestimmen Sie den Anfragetyp. Es kann sich beispielsweise um eine Support- oder eine Garantieanfrage handeln.

- **Häufigkeitsart/Häufigkeit**: Hier legen Sie fest, wie häufig Anfragen verarbeitet werden sollen.

- **Erinnerungstage**: In diesem Feld geben Sie an, wie viele Tage vergehen, damit eine Erinnerungs-Mail verschickt wird.

- **Leiter**: In diesem Auswahlmenü bestimmen Sie den Vorgesetzten, der für den Verarbeitungsvorgang zuständig ist.

In den beiden Statusfeldern zeigt Ihnen das System an, wann die Verarbeitung das letzte Mal gelaufen ist bzw. das nächste Mal läuft.

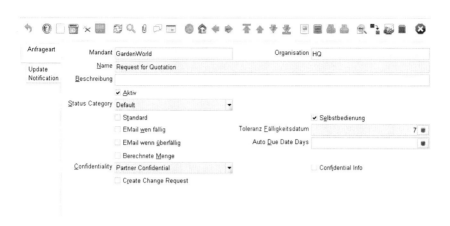

Im Dialog *Anfrageart* entstehen die Anfragetypen.

Der fünfte Schritt dient dem Anlegen und dem Verwalten von Anfragearten. Hier können Sie beispielsweise die Typen Support-Anfrage, Service-Anforderung, Garantiefall etc. definieren. Weisen Sie dem Typ dazu auf dem Register *Anfrageart* wie gewohnt eine Bezeichnung, eine Beschreibung und den gewünschten Status zu.

Unter *Status Category* können Sie prinzipiell eine der erstellten Anforderungskategorien anpassen bzw. eine neue erstellen. Bei einer Erstinstallation ist lediglich die Kategorie Default verfügbar. Dies können Sie mit dem nächsten Schritt ändern.

Mit dem Kontrollkästchen *EMail wenn fällig* sorgen Sie dafür, dass eine Hinweisnachricht per Mail verschickt wird, wenn die Anfrage fällig ist. Im danebenliegenden Feld geben Sie den Toleranzzeitraum für die Fälligkeit an.

Entsprechend können Sie eine weitere Mail verschicken lassen, wenn die Anfrage überfällig ist. Dazu aktivieren Sie das Kontrollkästchen *EMail wenn überfällig*.

Außerdem sollten Sie die Vertraulichkeit über das Auswahlmenü *Confidentiality* bestimmen. Damit legen Sie fest, wer Zugriff auf die Anfrage und Antworten hat. Sie haben die Wahl zwischen drei Optionen:

- **Public Information**: Hier sind die Informationen für jedermann zugänglich.

- **Partner Confidential**: Bei dieser Option können nur beide Partner auf die Informationen zugreifen.

- **Intern**: Hier ist lediglich eine interne Verwendung möglich.

Auf dem Register *Update Notification* legen Sie fest, welche Benutzer über Änderungen der Anfrage informiert werden. Hier können Sie natürlich beliebig viele neue Benutzer hinzufügen.

Die Funktionen und Einstellungen für das Erstellen einer Anfrage-Gruppe dürften Sie ebenfalls vor keine größeren Schwierigkeiten stellen.

Die nächsten beiden Schritte dienen dem Anlegen von Anfragelösungen, wie *Gelöst*, *In Bearbeitung* etc. sowie dem Verwalten der Request-Status. In den zugehörigen Dialogen *Anfrage-Ergebnis* und *Anfrage Status* legen Sie diese einfach an.

Selbst das Anlegen von vordefinierten Antworten ist mit ADempiere sehr einfach. Dazu öffnen Sie den Dialog *Anfrage-Standardantwort* und legen über das *Neuer Eintrag*-Icon Ihre neuen Antworten an. Den eigentlichen Antworttext hinterlegen Sie im Textfeld *Response Text*.

Die Zusammenfassung zu Ihren Anfragen.

Für das eigentliche Erstellen von Anfragen ist der Dialog *Anfrage* zuständig. Hier können Anfragen manuell von Ihnen angelegt und dann weiter verarbeitet werden. Das manuelle Anlegen ist beispielsweise bei telefonischen Anfragen sinnvoll.

Deutlich einfacher ist die Sache, wenn die Anfragen über den Webshop bei Ihnen eingehen. Dann landen die Daten direkt in diesem Dialog. Den besten Überblick über die eingegangenen Anfragen haben Sie, wenn Sie in die Tabellendarstellung schalten.

Das *Request*-Register des Request-Dialogs präsentiert Ihnen neben dem Kopf drei weitere Bereiche: *Aktion, Referenz* und *Aktions-Historie*. Im Kopfbereich legen Sie unter *Request No* zunächst die Nummer der Anfrage fest. Bestimmen Sie als Nächstes den Request-Typ, den Status, die Lösung und die Priorität. Obligatorisch ist auch die Eingabe der Zusammenfassung im Summary-Feld. Passen Sie gegebenenfalls die Vertraulichkeit über das Auswahlmenü *Confidentiality* an.

Im Bereich *Aktion* bestimmen Sie die Aktionen, die zur Bearbeitung der Anfrage in Angriff genommen werden. Sie können der Anfrage einen Bearbeiter, eine Standardantwort, die passende Aktion sowie verschiedene Daten und Pläne für die Problemlösung bzw. Anfragebearbeitung zuweisen.

Im Bereich *Referenz* können Sie der Anfrage Geschäftspartner, Projekte, Produkte, Leads, Zahlungen etc. zuordnen. Schließlich finden Sie im History-Bereich einige Informationen zu bisher durchgeführten Aktionen zur Bearbeitung der Anfrage.

Die Funktionen der übrigen vier Register sind fast selbsterklärend:

- **Updates**: Hier finden Sie alle Aktualisierungen eines Request-Eintrags.
- **Aktions-Historie**: Hier den Verlauf der Verarbeitung.
- **Update Notification**: Auf diesem Register werden die Benutzer aufgeführt, die über Updates informiert werden.
- **Update Recipients**: Hier finden Sie die Empfänger von Änderungsmeldungen.

Über das Anfrage-Menü können Sie natürlich auch direkt auf die verschiedenen Funktionen zugreifen.

13 Weitere Dienste und Hilfsmittel

ADempiere hat eine Vielzahl an weiteren interessanten und nützlichen Funktionen zu bieten. Dazu gehören beispielsweise die Projektverwaltung, die Import- und Exportfunktionen und auch der bereits mehrfach erwähnte Webstore.

13.1 Projektverwaltung

Unternehmen leben davon, dass sie sich und ihre Produkte und/oder Dienstleistungen weiterentwickeln. Dazu bedarf es einer möglichst exakten Planung ihrer Vorhaben. Mit der in ADempiere integrierten Projektverwaltung können Sie interne oder kundenbezogene Projekte erfassen und diese in Projektvorgänge oder Unterprojekte mit Projektvorgängen unterteilen.

Sie können mithilfe von ADempiere auch Abläufe und Kontrollpunkte für die einzelnen Arbeitsschritte definieren. Auch die Funktionen, Aufgaben und Zuständigkeiten der einzelnen Mitarbeiter lassen sich damit verwalten. Die Projektverwaltung kann auch finanzielle Aspekte berücksichtigen und liefert Ihnen auf Wunsch die Erfolgskontrolle in Form eines Berichts.

Vermutlich ahnen Sie es schon: Richtig, ADempiere hält auch für das Anlegen von Projekten ein Workflow-Diagramm bereit. Die Projektfunktionen finden Sie im Menü *Projekt-Management*. Das Workflow-Diagramm finden Sie unter *Projekt-Management> Einrichtung Projekt*.

Ein wichtiger Begriff beim Umgang mit der ADempiere-Projektfunktion ist der Projekttyp. Der definiert die Standards für ein Projekt, wie beispielsweise Mengen, Produkte, Aufgaben etc. Ein Projekt ist meist durch Phasen, häufig auch Meilensteine genannt, Aufgaben und Ziele bestimmt. Es kann auch die Entstehung eines Produkts beschreiben und letztlich kann es sogar Bestellungen auslösen. Außerdem steht Ihnen im ADempiere-System eine Vielzahl an Berichten zur Verfügung.

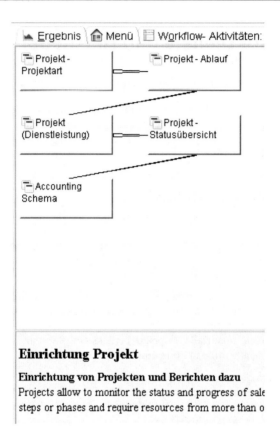

Einrichtung Projekt

Einrichtung von Projekten und Berichten dazu

Projects allow to monitor the status and progress of sale steps or phases and require resources from more than o

ADempiere verfügt auch über eine praxistaugliche Projektverwaltung.

Das Workflow-Diagramm führt Sie wie gewohnt durch die wichtigsten Schritte zum Erstellen eines Projekts. Bei der Projektverwaltung sind es nur fünf Etappen:

1. Erstellen und Verwalten von Projekttypen
2. Verwaltung der Berichtfunktionen
3. Anlegen von Projekten
4. Zusammenfassung des Projektverlaufs
5. Projekt als Abrechnungsschema

Mithilfe des ersten Dialogs bestimmen Sie den Projekttyp. Damit können Sie beispielsweise unterschiedliche Projekte, Projektabschnitte und selbst kleine Schritte anlegen. Der zugehörige Dialog *Projekt - Projektart* stellt Ihnen drei Register für das Anlegen und Konfigurieren von Projekttypen zur Verfügung. Auf dem Register *Projekt - Projektart* bestimmen Sie wieder allgemeine Eigenschaften, wie die Bezeichnung und die Beschreibung. Außerdem können Sie den Typ einer Projektkategorie zuordnen.

Auf dem Register *Projektstatus* erstellen Sie die Projektphasen für den Projekttyp. Sie ist insbesondere durch die Reihenfolge und durch das Produkt gekennzeichnet. Das Register *Standard Task* dient dem Anlegen von Standardaufgaben, die für diesen Projekttyp relevant sind. Die Reportingfunktion dient dazu, die Schritte für das Projekt bzw. Teilabschnitte zu dokumentieren.

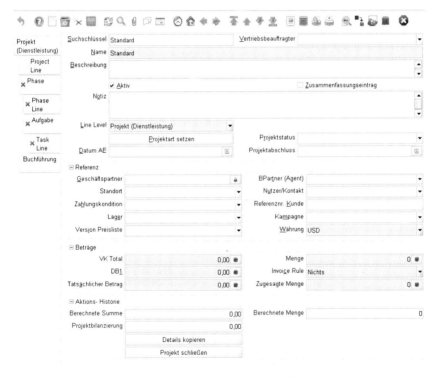

Die umfangreichen Projekteinstellungen.

Erst die eigentliche Projektverwaltung *Projekt (Dienstleistung)* hat es in sich. Sie dient der eigentlichen Einrichtung eines Projekts mit all seinen Merkmalen. Hier warten sieben zum Teil sehr umfangreiche Dialoge auf die Projektkonfiguration. Wie Sie an den roten Kreuzen erkennen können, sind einige noch nicht ausfüllbar.

Das Register *Projekt (Dienstleistung)* besitzt neben dem Header-Bereich drei weitere Bereiche, die es mit projektrelevanten Einstellungen zu füllen gilt. Die erste für Sie neue Einstellung trägt die Bezeichnung *Line Level*. Hier haben Sie die Wahl zwischen drei Optionen:

- Phase
- Projekt (Dienstleistung)
- Aufgabe

Mit dieser Einstellung bestimmen Sie, wie detailliert die Projektgestaltung ist.

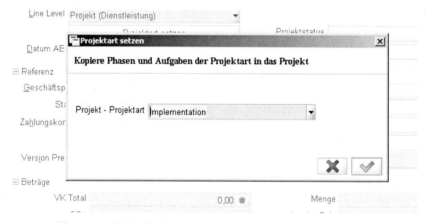

Die Auswahl des Projekttyps, dessen Phasen und Aufgaben Sie im neuen Projekt übernehmen wollen.

Eine Besonderheit des Registers *Projekt* stellt die Funktion der Schaltfläche *Projektart setzen* dar. Mit dieser Funktion können Sie Standardvorgaben zu Phase und Aufgaben in dieses Projekt kopieren. Damit verringert sich der Aufwand für das Erstellen eines Projekts. Sie können damit auf die oben erstellten Projekttypen zurückgreifen.

Die Handhabung der Übernahmefunktion ist einfach: Nach dem Klick auf *Projektart setzen* öffnet sich der zugehörige Dialog, in dem Sie einen der vordefinierten Projekttypen auswählen. ADempiere kopiert daraufhin alle Phasen und Aufgaben der Projektvorlage in das neue Projekt. Wie umfangreich die Auswahl an Projekttypen ist, ist natürlich davon abhängig, wie viele Typen Sie bereits erzeugt haben.

Im Auswahlmenü *Projektstatus* können Sie außerdem aus einer Reihe vordefinierter Phasen die passende für Ihr Projekt auswählen. Geben Sie im Kopfbereich außerdem gegebenenfalls das Vertragsdatum und das Datum an, an dem das Projekt abgeschlossen sein soll.

Es folgt der Bereich *Referenz*. Hier können Sie beispielsweise die Kunden, Partner, Kontakte etc. angeben, die für Ihr Projekt relevant sind.

Für die Projektkalkulation ist der Bereich *Beträge* zuständig. In den verschiedenen Eingabefeldern hinterlegen Sie die geplanten Ausgaben, Mengen und dergleichen mehr. Der letzte Bereich trägt die Bezeichnung *Aktions-Historie* und zeigt Ihnen die bisherigen Projektkosten und die Projektbilanz an.

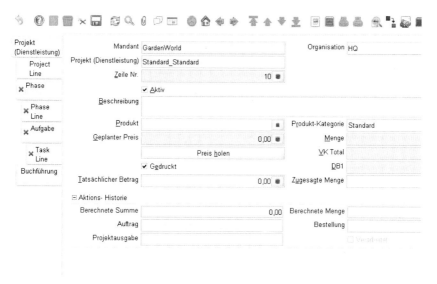

Die Einstellungen für einen Projektschritt.

Nachdem Sie die allgemeinen Projekteinstellungen definiert haben, wechseln Sie zum Register *Project Line*. Hier verwalten und erstellen Sie die Projektpositionen, also die einzelnen Schritte und Aufgaben, die für die Durchführung des Projekts erforderlich sind.

Bestimmen Sie zunächst die Positionsnummer mit *Zeile Nr.* Dann wählen Sie das Produkt, die Produktkategorie, die Preisliste und den Rabatt aus – soweit zutreffend. Wichtig für Ihre Planung und die abschließende Nachbetrachtung ist die Angabe der geplanten Kosten im Feld *Geplanter Preis*.

Wenn Sie eine Projektphase bzw. eine -aufgabe erstellen wollen, so wählen Sie auf dem *Projekt*-Register im Auswahlmenü *Line Level* den Eintrag *Phase* bzw. *Aufgabe*. In den jeweiligen Dialogen bestimmen Sie dann zunächst die allgemeinen Eigenschaften der Phase bzw. der Aufgabe und schlüsseln diese dann im Register *Phase Line* bzw. *Task Line* auf.

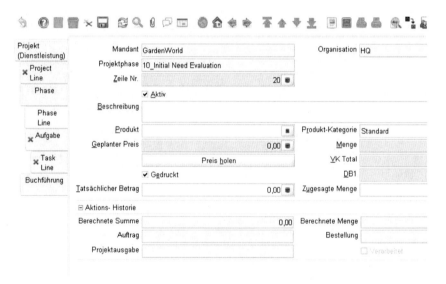

Die Details einer Projektphase.

Nach dem Speichern der Projekteinstellungen können Sie es über das Projekt-Register mit einem Klick auf *Projekt schließen* speichern.

Das Tolle an der Projektverwaltung: Sie können aus dem Aufgaben- und Phasen-Dialog heraus Bestellungen für benötigte Produkte und Waren aufgeben. Dazu betätigen Sie einfach den *Auftrag erzeugen*-Button.

13.2 Import/Export

Wenn Sie den Einsatz von einer so komplexen Umgebung, wie es ADempiere ist, in Betracht ziehen, so besitzen Sie vermutlich schon verschiedenste Unternehmensdaten. Dazu zählen vermutlich Kontaktdaten, Produktinformationen, Rechnungen, Lieferscheine und dergleichen mehr. Kurz: Sie besitzen Datenberge, die Sie auch in ADempiere nutzen wollen.

Das *Daten-Import*-Menü erlaubt den Import verschiedener Datenbestände.

Hierfür stellt Ihnen ADempiere verschiedene Importfunktionen zur Verfügung, die gängige Formate importieren und damit auch für die Unternehmenslösung nutzbar machen. Sie können insbesondere komma- und Tab-separierte Daten, aber auch einige gängige Formate importieren.

Der typische Ablauf beim Importieren bestehender Daten:
1. Sie bestimmen zunächst das Importformat.
2. Dann wählen Sie die zu importierende Datei aus.
3. Als Nächstes laden Sie die Datei.
4. Es folgt das Verifizieren der zu importierenden Daten.
5. Abschließend wird der eigentliche Import durchgeführt.

Wie Sie voranstehender Liste entnehmen können, kann ADempiere über das *Data-Import*-Menü, ein Untermenü von *System-Administration> Daten* auf verschiedene Importspezialisten zurückgreifen. Sie können insbesondere folgende Daten importieren:

- Produktlisten
- Geschäftspartner
- Kontakte
- Zugänge
- Inventarlisten
- Bestellungen und Rechnungen
- Buchhaltungsdaten
- Zahlungseingänge
- Kontoauszüge

Sie können eigene Formate definieren, die ADempiere verarbeiten kann. Dazu greifen Sie zum sogenannten *Ladeprogramm für Import-Datei*. Er erlaubt das Anlegen und Zuweisen von Formatierungen und Zielen.

Erzeugen Sie im Dialog *Import-Formate* einen neuen Eintrag mit einem Klick auf das *Neuer Eintrag*-Icon. Weisen Sie diesem eine Bezeichnung und eine Beschreibung zu.

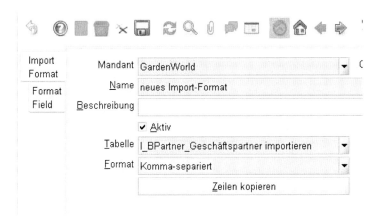

Der Datenimport mit ADempiere.

Es folgt das Auswahlmenü *Tabelle*. Hier bestimmen Sie die Tabelle, in die die Daten übertragen werden. Anhand der Bezeichnungen können Sie meist erkennen, um welche Tabellen es sich handelt. Die zu importierenden Geschäftspartner sollten beispielsweise in *I_BPartner_Import Geschäftspartner importieren* landen.

Als Nächstes bestimmen Sie das Ausgangsformat. Hier haben Sie die Wahl zwischen drei Optionen:

- kommaseparierte Daten
- feste Position der Daten
- Tab-separierte Daten

Wenn Sie die Einstellungen aus einem bestehenden Importformat übernehmen wollen, klicken Sie auf die Schaltfläche *Zeilen kopieren* und wählen das Format aus, aus dem Sie die Einstellungen übernehmen wollen. Natürlich können Sie diese übernommenen Konfigurationen weiter anpassen.

Wechseln Sie dann zum Register *Format Field*. Hier bestimmen Sie die Felder, deren Reihenfolge, deren Position und den Datentyp. Sie können auch Konvertierungen definieren. In Zukunft soll auch die Verwendung eines Skripts für die Umwandlung möglich sein.

Den eigentlichen Import führen Sie mit dem Befehl *Ladeprogramm für Import-Datei* durch. Hier bestimmen Sie die Quelle und das Ziel. Anhand der Vorschau erkennen Sie, ob beide zueinander passen. Mit einem Klick auf das grüne Häkchen leiten Sie den Importvorgang ein.

Das Ladeprogramm für den eigentlichen Importvorgang.

Abhängig davon, welche Daten Sie importiert haben, finden Sie diese dann in dem Menü *Import - Produkt, Geschäftspartner importieren*. Dort können Sie dann die Daten in Augenschein nehmen, mögliche Importfehler beheben und/oder Ergänzungen vornehmen. Den eigentlichen Import führen Sie mit einem Klick auf die Schaltfläche *Geschäftspartner importieren, Import Produkte* etc. durch. Dank der Prüfung ist sichergestellt, dass kein Müll in Ihrem Produktionssystem landet.

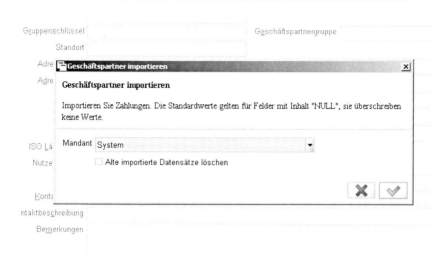

Das abschließende Übertragen der Importdaten in das Produktivitätssystem.

13.3 Webshop

Mit dem sogenannten Webshop steht Ihren Benutzern und Geschäftspartnern eine webbasierte Schnittstelle zum ADempiere-System zur Verfügung, über die diese beispielsweise Bestellungen aufgeben oder Anfragen an das Unternehmen stellen können.

Dennoch sollten Sie auch diese Funktionen kennen, da sich über den Webshop beispielsweise das Entgegennehmen und die Verarbeitung von Bestellungen deutlich vereinfachen, weil die relevanten Daten direkt im System landen.

Als ADempiere-Administrator können Sie einige Anpassungen der Webshop-Umgebung vornehmen. Sie können beispielsweise das verwendete Stylesheet ändern, Menüs aktivieren bzw. deaktivieren, Grafiken ersetzen und die gesamte Web-Schnittstelle an Ihre Bedürfnisse anpassen.

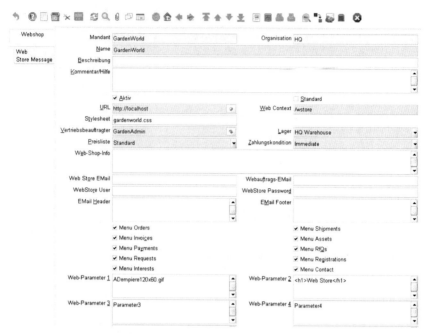

Die Einstellungen für den Webshop.

Auf die Konfiguration des Webstore greifen Sie über *System-Administration> Einstellungen Mandant> Webshop* zu. Dort können Sie neben der URL und dem Content-Verzeichnis die bereits erwähnten Einstellungen ändern.

Wenn Sie das Logo des Webshops ändern wollen, können Sie das im unteren Bereich des Dialogs tun. Ersetzen Sie dort im Feld *Web-Parameter 1* die Standardgrafik durch Ihre.

13.4 Archiv

Wenn Sie intensive Geschäfte betreiben und ADempiere über einen gewissen Zeitraum hin einsetzen, so entstehen mehr oder minder viele Dokumente und Berichte. All jene Daten, die Sie aktuell nicht mehr benötigen, können Sie mithilfe der integrierten Archivierungsfunktion auch auslagern.

Die Archivierungsfunktion kann automatisch oder manuell ausgeführt werden. Die automatische Archivierung aktivieren Sie über das Menü *System-Administration>*

Archiv

Einstellungen Mandant> Mandant. Auf dem *Mandant*-Register finden Sie die Funktion *Automatische Archivierung*. Wenn Sie wollen, dass die Berichte und Dokumente automatisch archiviert werden, wählen Sie die Option *Alles (Berichte, Dokumente)*.

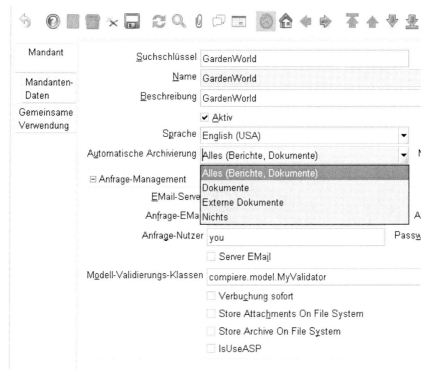

Die Auswahl der automatischen Archivierungsoptionen.

Dokumente können Sie außerdem aus dem Bericht-Viewer heraus archivieren. Dazu klicken Sie im Viewer auf das *Archiv*-Icon. Sie können die Berichte auch in ein gängiges Format exportieren und dann mit geeigneten Datenbanken aufbereiten, speichern und verwalten. Führen Sie dazu einfach im Viewer den Befehl *Datei> Export* aus und bestimmen Sie Ziel und Dateityp. Sie können Berichte in folgende Formate exportieren: PostScript, XML, PDF, HTML, TXT, SSV, CSV und Excel.

260 Weitere Dienste und Hilfsmittel

Der Archiv-Betrachter verfügt auch über eine Abfragemaske für die Suche nach archivierten Daten.

Auf archivierte Daten können Sie natürlich auch wieder zugreifen. Dazu steht Ihnen der Archiv-Viewer zur Verfügung, den Sie im Menü *System-Administration> Sicherheit> Archiv-Betrachter* finden.

14 Alles eine Frage der Sicherheit

Die vorangegangenen Kapitel haben Sie in die Arbeit und die unzähligen Funktionen von ADempiere eingeführt. Ohne Zweifel ist das System eine ungemein leistungsfähige und vielfältige Unternehmenslösung. Wenn Sie ADempiere ausreichend evaluiert und sich für die Einführung im eigenen Unternehmen entschieden haben, so übernimmt das Programm schnell unternehmenskritische Aufgaben. Das bedeutet natürlich, dass Sie das System ausreichend absichern und insbesondere die systemeigenen Sicherheitsfunktionen kennen müssen.

Fast zum Schluss dieses Buchs schauen wir uns noch die wichtigsten Sicherheitsfunktionen an, die ADempiere zu bieten hat.

14.1 Rollen

Bereits beim Einloggen in das ADempiere-System begegnen Sie den sogenannten Rollen. Dem Benutzer wird dabei eine spezifische Rolle erteilt, die Sie als Administrator diesem zugewiesen haben. Die Rollenverwaltung von ADempiere erlaubt es, dass Sie einem Benutzer mehrere Rollen zuweisen.

Was leisten diese Rollen nun konkret? Eine Rolle, genauer eine Benutzerrolle, definiert Aufgaben, Eigenschaften und vor allem die Rechte eines Benutzers im ADempiere-System (oder allgemein in einer Anwendung oder einem Betriebssystem). Man verwendet Benutzerrollen, um die Einstellungen der vorgenannten Bereiche nicht für jeden Nutzer einzeln festlegen zu müssen. Statt Benutzern Rechte direkt zuzuweisen, definieren Sie eine Rolle und weisen dieser dann beliebig viele Benutzer zu. Das Ergebnis: Die Rechteverwaltung des Softwaresystems vereinfacht sich deutlich, da insbesondere bei Änderungen der Rechtestruktur nur die Rechte der Benutzerrolle angepasst werden müssen. Außerdem wird die Rechtevergabe durch diese Abstraktion weniger fehleranfällig.

Konkret können Sie mit den ADempiere-Rollen beispielsweise festlegen, welche Benutzer Buchhaltungs- und Bestellinformationen einsehen und ändern können. Sie können auch definieren, wer Zugriff auf die verschiedenen Berichte hat.

Einer wichtigen Sicherheitsfunktion sind wir bereits in Kapitel 2.4 begegnet. Dort ist das Erstellen von neuen Benutzern und die Zuweisung von Rollen beschrieben, nicht aber, wie Sie exakt mit den Rollen umgehen. Die wichtigsten sicherheitsrelevanten Funktionen finden Sie übrigens im Menü *System-Administration> Allge-*

meine Einstellungen> Sicherheit. Die Rolleneinstellungen finden Sie im Menü *Rolle*, einem Untermenü von *Sicherheit*.

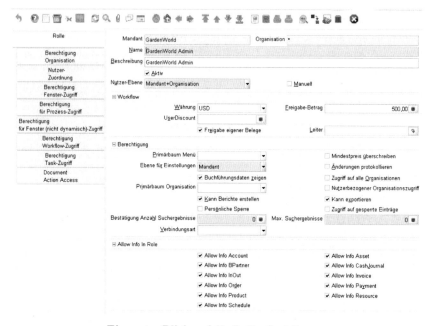

Ein erster Blick auf die Rollenfunktionen.

Wenn Sie auf die Rollenfunktionen zugreifen und von der Bearbeitungs- in die Tabellenansicht schalten, so stellen Sie fest, dass ADempiere mit den bereits oben beschriebenen Rollen daherkommt.

Der Rollendialog mit seinen sieben Registern fällt sehr umfangreich aus. Schauen wir uns die wichtigen Einstellungen an, die die verschiedenen Register zu bieten haben. Dazu editieren wir der Einfachheit halber einen bestehenden Rolleneintrag.

Die erste wichtige Konfiguration ist über das Auswahlmenü *Nutzer-Ebene* verfügbar. Hier bestimmen Sie den Benutzer-Level der Rolle. Sie haben die Wahl zwischen vier Optionen:

- Organisation
- Mandant

- Mandant+Organisation
- System

Mit der Rolle *Organisation* haben die Benutzer Zugriff auf Transaktionsdaten, Mandanten-Level hat Zugriff auf Referenzdaten (Geschäftspartner, Zahlungsbedingungen etc.), nicht aber auf Transaktionen (Bestellungen, Zahlungen etc.).

Wenn Sie die Standardeinstellungen der Rolle bearbeiten wollen, so aktivieren Sie außerdem das Kontrollkästchen *Manuell*. Um zu wissen, ob manuelle Änderungen der Standardvorgaben erforderlich sind, müssen Sie natürlich zunächst diese Vorgaben kennen.

Wenn Sie eine neue Rolle auf Grundlage eines Benutzerlevels erstellen, so werden automatisch dessen Fenster-, Prozess-, Formular- und Workflow-Zugriffsrechte übernommen.

Die ersten zugriffsspezifischen Einstellungen nehmen Sie im Bereich *Access* vor. Hier bestimmen Sie zunächst den Menübaum, der über das Hauptfenster verfügbar ist. Aktivieren Sie gegebenenfalls das Kontrollkästchen *Buchführungsdaten zeigen*, wenn in den verschiedenen Dialogen immer auch das Accounting-Register verfügbar sein soll.

Die Option *Zugriff auf alle Organisationen* sorgt dafür, dass die Rolle Zugriff auf alle Organisationen hat, die mit dem ADempiere-System erstellt und verwaltet werden. Über das Auswahlmenü *Primärbaum Organisation* können Sie die Rolle einer mit ADempiere erstellten Firma zuweisen. Das setzt natürlich voraus, dass Sie mehrere Organisationen erzeugt haben.

Mit den beiden Optionen *Kann Berichte erstellen* und *Kann exportieren* können Sie außerdem dafür sorgen, dass die Rolle Berichte erstellen und Daten exportieren kann. Damit sind die wichtigsten Funktionen dieses Registers beschrieben.

Wenn Sie zum Register *Berechtigung Organisation* wechseln, können Sie dort der Rolle die Organisationen zuweisen, auf die die Rolle Zugriff haben soll.

Auch die Funktionen des Registers *Nutzer-Zuordnung* sind recht einfach zu verstehen und einzusetzen. Hier weisen Sie der Rolle die gewünschten Benutzer zu, die zuvor im System erstellt worden sind. Die Benutzerauswahl bzw. manuelle Angabe erfolgt über das Auswahlfeld *Nutzer/Kontakt*.

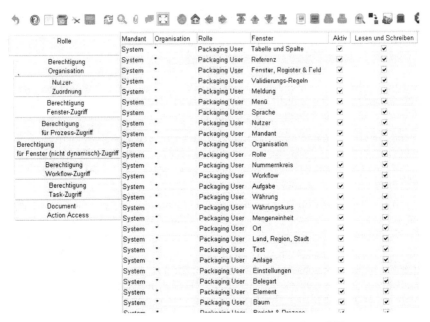

Die Auswahl der Fenster, auf die die Rolle Zugriff hat.

Das Register *Berechtigung Fenster-Zugriff* erlaubt Ihnen als Nächstes die exakte Wahl der Funktionsbereiche von ADempiere, auf die die Benutzer einer Rolle zugreifen dürfen. Die Steuerung ist einfach: Erzeugen Sie für jeden Fenstertyp einen neuen Eintrag und aktivieren Sie diesen.

Ähnlich definieren Sie die Beschränkung auf Prozesse. Auch hier steht Ihnen ein Auswahlmenü zur Verfügung, über das Sie die gewünschten Prozesse auswählen, die die aktuelle Rolle verwenden darf.

Über das Register *Berechtigung Workflow-Zugriff* können Sie sogar festlegen, welche Workflow-Dialoge für diese Rolle nutzbar sind. Den Abschluss bilden die Register *Berechtigung Task-Zugriff* und *Document Action Access*. Auf dem erstgenannten können Sie der Rolle drei Aufgaben zuweisen: Das Erstellen eines Datenbankexports, den Transfer einer Datenbank und die Ausgabe der Java-Version. Sie können das Rollensystem als den ersten Level der ADempiere-Sicherheitsarchitektur verstehen. Der zweite Level ist der Rollenzugriff. Über das Register *Document Action Access* bestimmen Sie die Belegart und die Referenzliste.

14.2 Rollenbasierter Datenzugriff

ADempiere stellt Ihnen einen weiteren Sicherheitsmechanismus zur Verfügung. Genau genommen ist es eigentlich eine Erweiterung der grundlegenden Rollenfunktionen.

Mit dem rollenbasierten Datenzugriff steht Ihnen eine Verfeinerung für den Zugriff auf Tabellen, Spalten oder Einträge in dem ADempiere-System zur Verfügung. Damit können Sie noch detaillierter die Zugriffsmöglichkeiten für Ihre Rollen definieren. Die zugehörigen Einstellungen finden Sie im Menü *Rollen Datenzugriff*.

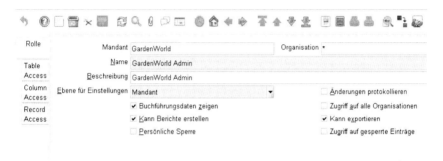

Der rollenbasierte Datenzugriffsschutz.

Mit dieser Funktion lassen sich sehr interessante Dinge anstellen. Sie können beispielsweise einen Geschäftspartner erstellen, für den spezifische Zahlungsbedingungen gelten, oder Lieferanten anlegen, die nur unter bestimmten Konditionen liefern dürfen.

Es lassen sich nahezu beliebige Rollen samt den zugehörigen Berechtigungen und Einschränkungen definieren. Damit ergänzen Sie das Rollensystem hervorragend.

Die Einstellungen für den rollenbasierten Datenzugriff verteilen sich auf vier Register. Auf dem Register *Rolle* definieren Sie wie gewohnt die allgemeinen Eigenschaften. Hier können Sie beispielsweise festlegen, welche Voreinstellungen der Benutzer setzen kann.

Dazu verwenden Sie das Auswahlmenü *Ebene für Einstellungen* und entscheiden sich für eine von vier Optionen:

- Mandant
- Nichts

Alles eine Frage der Sicherheit

- Organisation
- Nutzer

Außerdem können Sie wieder die Verwendung der Report- und Export-Funktion aktivieren bzw. deaktivieren. Wenn die Konfiguration auch Zugriff auf alle persönlichen Einträge im System haben soll, so aktivieren Sie die Option *Personal Access*.

Die Steuerung des Tabellenzugriffs.

Die eigentliche Zugriffsverfeinerung erfolgt auf den Registern *Table Access*, *Column Access* und *Record Access*. Das Prinzip dieser drei Register und Ihrer Einstellung ist gleich: Sie wählen eine Tabelle, eine Spalte oder einen Eintrag aus und weisen diesem dann die gewünschten Rechte zu. Über das Kontrollkästchen *Ausschließen* können Sie den Eintrag explizit ausschließen. Außerdem können Sie einen Eintrag mit *Schreibgeschützt* nur lesbar machen.

Das Auswahlmenü *Zugangsart* kennt drei Optionen:

- Accessing – erlaubt den Zugriff
- Exporting – erlaubt den Export
- Reporting – erlaubt das Erstellen eines Berichts

Nach der Auswahl einer Tabelle folgen im nächsten Schritt die Auswahl einer Spalte und dann der konkrete Eintrag. Einzig die Auswahl der Tabellen und Spalten kann sich als mühsam erweisen. Sie besitzen Bezeichnungen wie *M_BOM_BOM* oder *RV_C_Invoice_Invoice*. Hier ist leider nicht immer offensichtlich, um welche Inhalte es sich handelt. Es scheint bislang auch keine brauchbare Dokumentation der Tabellen zu geben. Werfen Sie gegebenenfalls mit dem Oracle-Datenbankmanager einen Blick in die betreffenden Tabellen.

14.3 ADempiere-Benutzer

Den Sicherheitsfunktionen werden häufig auch die Benutzerverwaltungen zugeordnet. ADempiere kennt zwei unterschiedliche Benutzer: Geschäftspartner und ADempiere-Benutzer. Mit dem einen wollen Sie gute Geschäfte machen, die anderen dürfen das ADempiere-System verwenden und damit arbeiten.

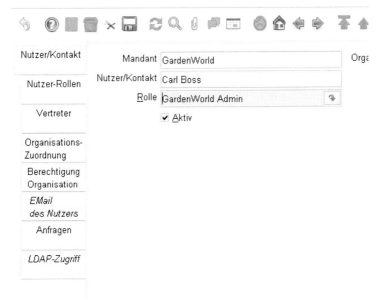

Die Zuweisung von Rollen.

Die Grundzüge der Benutzerverwaltung kennen Sie bereits. Sie ist in Kapitel 2.4 kurz beschrieben. Schauen wir hier noch die Funktionen an, die Sie bislang noch nicht kennen.

Auf dem Register *Nutzer/Kontakt* nehmen Sie allgemeine Einstellungen für den Benutzer vor. Hier hinterlegen Sie beispielsweise die Kontaktdaten. Für die Anwendungssicherheit ist insbesondere das Register *Nutzer-Rollen* wichtig. Hier weisen Sie dem jeweiligen Benutzer die gewünschte Rolle zu.

Über die Register *Organisation Zuordnung* und *Organisation Zugriff* bestimmen Sie außerdem, welche Organisation Sie dem Benutzer zuweisen wollen und auf welche Organisationen der Benutzer Zugriff haben soll. In diesem Zusammenhang ist sicherlich auch der Hinweis auf die Organisationsfunktion von ADempiere wichtig. Sie ist über das Menü *System-Administration> Einstellungen Organisation> Organisation* verfügbar. Hier können Sie die organisatorischen Einheiten Ihres Unternehmens abbilden, neue Abteilungen anlegen, bestehende bearbeiten und vieles mehr.

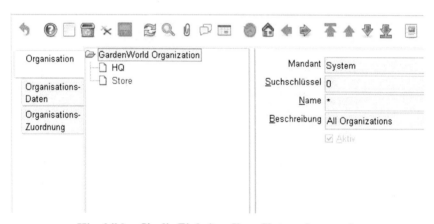

Hier bilden Sie die Einheiten Ihres Unternehmens ab.

14.4 Rollen-Update und mehr

Wenn Sie als Administrator in Ihrem ADempiere-System neue Fenster, Formulare, Workflows oder Ähnliches angelegt haben, sollten Sie die Update-Funktion für die Rolleneinstellungen ausführen. Sie ist über das Menü *System-Administration> Allgemeine Einstellungen> Sicherheit> Rollen-Zugriff aktualisieren* verfügbar und hilft Ihnen, die Rollen der neuen Elemente auf den neuesten Stand zu bringen.

Sie können die Sicherheitsregeln übrigens auch über das Menü *Extras> Einstellungen* anzeigen. Klicken Sie dazu einfach auf dem Register *Info* auf die Rolle-

Schaltfläche. Der zugehörige Infodialog zeigt Ihnen die wichtigsten Eigenschaften der aktuellen Rolle an.

Schließlich stellt Ihnen ADempiere auch über das Security-Menü verschiedene Auditierungsfunktionen zur Verfügung.

Anhang A – Libero, die Lohn-und Gehaltsabrechnung

Mit Libero steht Ihnen ein optionales Modul zur Verfügung, das zu den offiziellen ADempiere-Erweiterungen zählt und mit dem Sie die Lohn- und Gehaltsabrechnung in Ihrem Unternehmen abbilden und durchführen. Damit deckt ADempiere – im Unterschied zu anderen Lösungen – auch diesen unternehmensrelevanten Bereich ab.

Libero stellt Ihnen Funktionen für folgende Bereiche zur Verfügung:

- Lohn-und Gehaltsabrechnung Kontakte
- Abteilung
- Position im Unternehmen
- Angestellte
    - Allgemeine Daten
    - Unterschiedliche Attribute
    - Bankverbindung
    - Arbeitsvertrag
    - Kontaktdaten
    - Interessen
- Lohn-und Gehaltsabrechnung
    - Kategorie
    - Listen und Tabellen
    - Arbeitszeitkontrolle
    - Veranstaltungen
    - Regelwerk und Dokumente

Anhang A – Libero, die Lohn-und Gehaltsabrechnung

Das Modul ist unter der Federführung der Entwickler e-evolution.com entstanden.

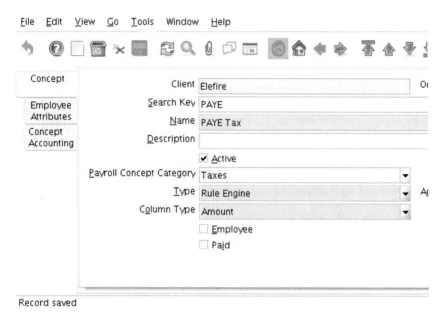

Ein Blick auf die Libero-Komponente.

In der vorliegenden Fassung ist die Libero-Komponente leider nicht für den Produktivitätseinsatz geeignet. Die Installation der Komponente war im März 2010 nur mühsam möglich. Dennoch könnte Sie ADempiere um ein ganzes Stück voranbringen, wenn sie einfach in der Umgebung nutzbar integriert ist.

Anhang A – More Info

ADempiere ist ein derart komplexes Gebilde, dass Sie einiges an Einarbeitungszeit investieren müssen. Ihre wichtigste Anlaufstelle für weiterführende Informationen zum Einsatz des Systems ist und bleibt bis auf Weiteres die ADempiere-Website (*http://www.adempiere.com*). Hier finden Sie insbesondere im Support- und im Community-Bereich weitere Informationen. Im Community-Bereich befindet sich beispielsweise ein Wiki im Aufbau.

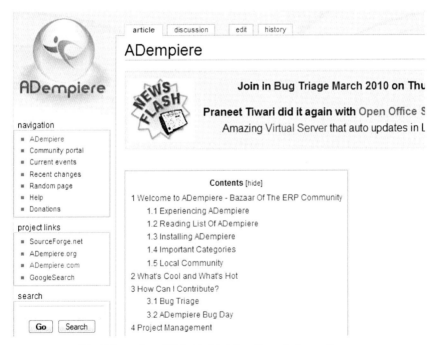

Die ADempiere-Website bietet weitere Informationen und Angebote rund um das CRM-/ERP-System.

Nennenswerte deutschsprachige Informationsquellen zu ADempiere sind leider sehr rar. Das hat sicherlich auch mit der Komplexität zu tun und damit, dass die, die sich mit dem System auskennen, dieses Know-how vorzugsweise zu Geld machen wollen.

Index

Abrechnung 96
Abrechnungschema 221
Abschreibung 119
Abteilung 37
Accounting-Schema 37
ADempiere 7, 9, 13
ADempiere kennenlernen 37
ADempiere-Benutzer 267
ADempiere-Menü 39, 48
ADempiere-Systemeinstellung 38
ADempiere-Website 273
Akquisitionskosten 80
Allgemeiner Workflow 41
American Express 211
Anfragen 239
Anfragetyp 242
Angebote umwandeln 198
Angebotsanfrage 171
Anlagen verwalten 116
Anlagevermögen 117
Anmeldung 37
Anrede 69
Ansprechpartner 77
Anwendungsserver 20

Application-Server 21
Arbeitzeitkontrolle 271
Archiv 258
Archivierungsfunktion 258
Archiv-Viewer 260
Asset 118
Attributinstanz 125
Attributsatz 124
Auditierungsfunktionen 269
Aufgabenverfolgung 11
Auftrag erstellen 195
Ausschreibung 174
Außendienstmitarbeiter 92
Automatischer Prozess 41

Bank anlegen 208
Bankkonfiguration 208
Bankkonto 207
Bankleitzahl 208
Bankverbindung 63, 84
Barzahlung 147, 213
Batch-Modus 197
Bedarf erstellen 142
Bedarfsanalyse 141

Index

Belegart 158, 222
Belegnummerierung 61
Belegtyp 61
Benutzer 52
Benutzeraktion 41
Benutzerebene 53
Benutzerkennung 21
Benutzerkontensteuerung 24
Benutzername 21
Benutzerverwaltung 55
Benutzerwahl 41
Bericht anpassen 231
Bericht exportieren 231
Berichte 229
Berichtfunktion 229
Bericht-Viewer 51
Beschäftigte 63
Bestätigung 155
Bestelleinstellung 112
Bestellfunktion 142
Bestellmöglichkeit 145
Bestellnummer 146
Bestellung anlegen 144
Bewertung 175
Buchführungsregel 224
Buchhaltung 214
Buchhaltungsinformationen 207
Buchungsdatum 216

Buchungsnummer 208
Buchungstag 153
Business-Partner 55

Community 273
Compiere 11, 13
Content-Management-System 11
Controlling 10
CRM-System 9
Customer Relationship Management ... 9

Datenbank-Server 21
Datenimport 254
DATEV 26
Deutsches Sprachpaket 31
Dienstleistungen 95
Distribution 203
Distributionslauf 203
Distributionsliste 203
Distributionsmenge 203
Dokumentenkennung 60
Dokumentenprozess-Workflow 41
Dokumententyp 60
Download-Produkt 107
Download-URL 109
Druckausgabe 232
Druckgestaltung 235

EAN	108	Geschäftpartnerinformationen	90
EDI	101	Geschäftsbereiche	63
EDIFACT	102	Geschäftsbeziehung	88
Eigenverbrauch	180	Geschäftskasse	213
Einkaufspreisdifferenz	115	Geschäftspartner	55, 63, 77
Einlog-Dialog	20	Geschäftspartner einrichten	65
E-Mail-Adresse	55	Geschäftspartner importieren	77
E-Mail-Versand	120	Geschäftspartner verknüpfen	89
Endprodukt	185	Geschäftspartnerbeziehung	88
Enterprise Resource Planing	9	Geschäftspartnerfunktion	64
Entwicklung	10	Geschäftspartnergruppe	65, 66
ERP	9	Geschäftspartnermanagement	12
Ersatzartikel	96	Grundkonfiguration anpassen	57
Export	56, 253	Gruppenbeschreibung	67
Exportfunktion	54	Grußwort	65
		Gutschrift	166
FiFo	104		
Finanzbericht	236	Handelsrabatt	225
Finanzbuchhaltung	11	Händlerrabatt	115
Finanzwesen	10	HGB	224
Frachtkosten	154		
Funktionstaste	49	Icons	48
		Import	56, 253
GAAP	221	Importformat	254
Garantieanfrage	242	Importprüfung	256
Garantiedatum	121	Incoterms	29
Garantiedauer	125	Informationen	229
Gehaltsabrechnung	271	Informationsfunktion	229

Installation 13	Kreditkarte 147, 207
Installation unter Linux 14	Kreditlimit 67
Installation unter Windows 23	Kreditrahmen 82
Instanzattribute 121	Kunden 63
Intralogistik 177	
Inventur 178	Ladeprogramm 256
Inventureintrag 178	Lager 95
Inventurelemente 179	Lager auffüllen 96
Inventurliste 178, 180	Lager erstellen 98
ISO-Code 58	Lagerbestand 100, 108
	Lagerort 155
Jasper-Berichtsengine 27	Lagerverwaltung 11, 112
	Ländereinstellung 59
Kalenderjahr 223	Language Pack 31
Kalkulation 96	LDAP-Server 55
Kalkulationsverfahren 224, 227	Lead Generation 114
Kampagnenverwaltung 190	Leasinggeber 119
Kassenbuch 213	Lebensdauer 119
Kassenbucheinstellungen 213	Libero 13, 271
Kassenjournal 213	Lieferantenrechnung 157
Kontaktdaten 55	Lieferantenverwaltung 153
Kontenelement 224	Lieferbeleg 158
Kontonummer 208	Lieferscheinerstellung 29
Konvertierung 103	Lieferung 157
Konvertierungsfunktion 103	Lieferungen anlegen 199
Kostenelement 161, 227	Lieferungen ausführen 199
Kostenrechnung 221, 226	LiFo 104
Kostentyp 227	Listenpreis 113, 129

Log-in-Dialog	21
Lohnabrechnung	271
Lokalisierung	59
Mahngebühr	75
Mahnlauf	217
Mahnstufen	74
Mahnung	65, 217
Mahnungskonfiguration	74
Mahnungssystem	74
Mandant	37
Mandant erstellen	45
Mandantenadministrator	52
Mandantenkonfiguration	43
Mandanten-User	52
Marketing	10
Marketingkampagne	148
Marketingtechnik	114
Maßeinheit	45, 160
MasterCard	211
Matching-Funktion	162
Materialbeleg	115
Materialfluss	177
Materialliste	96
Materialmanagement	177
Materialrichtlinie	104
Materialstückliste	108
Materialwirtschaft	10

Maximalbetrag	72
Mehrwertsteuerkonto	139
Mengeneinheit	101
Mitarbeiterzahl	80
Nachbestellung	100, 185
Nachfülltyp	100
Nachstellung konfigurieren	111
Neuer Eintrag-Icon	53
Niederlassungen	181
Nummerierung	60
Nummerierungsschema	60
Online-Shopping	110
Openbravo	11, 13
Oracle Express Edition 10g	12
Oracle-XE-Datenbank	14
Organisation-Funktion	46
Passwort	21
Pauschalrabatt	82
PDF-Bericht	151, 230
Personalwirtschaft	10
pgAdmin	24
Posten versenden	119
Posten verwalten	116
Postengruppe	119
Postengruppe erzeugen	118

Posterita	13
PostgreSQL	12, 16, 24
Preis	96, 129
Preisbindung	129
Preisgrenze	129
Preisliste	67, 129
Preislistenfunktion	131
Produkt anlegen	97
Produkt erstellen	105
Produktattribut	121
Produktattributsätze	121
Produktbestand	105, 115
Produktdialog	107
Produkte	95
Produkteigenschaften	96
Produkteinstellungen	136
Produktgruppe	121
Produktinfo	28
Produktion	10, 184
Produktionsmenge	185
Produktionsschritt	184
Produktkategorie	103, 108
Produktmerkmale	123
Produktpreis	113
Produkttypen	95
Produktverwaltung	95, 116, 186
Projektabspaltungen	13
Projekteinstellungen	252
Projektgestaltung	250
Projektkalkulation	251
Projektmanagement	11
Projektphase	249, 252
Projektstatus	249
Projekttyp	248
Projektverwaltung	247
Provision	192
Provisionierung	194
Provisionsfunktion	192
Rabattschema	67, 68, 131
Rabattstufen	132
Rabatttyp	132
Rechnung	201
Rechnungen erstellen	201
Rechnungen verarbeiten	164
Rechnungsbetrag	72
Rechnungshäufigkeit	72
Rechnungsposition	159
Rechnungspreisvarianz	115
Rechnungsstellung	157, 201
Rechnungswesen	10, 117
Rechnungszusammenfassung	72
Record-ID	61
Reporting	45
Request-Einstellungen	241
Request-Management	44

Request-Prozessor	242
Request-Status	244
Rolle	52, 261
Rollenbasierter Datenzugriff	265
Rollen-Funktion	47
Rollentypen	52
Rollen-Update	268
Rücksendeerlaubnis	171
Rücksendekategorie	169
Rücksenderichtlinie	169
Rücksendung	168
RUN_Adempiere	20
RUN_Setup	23
Sammelrechnung	71
Schlüsseldaten	20
Seriennummer	119, 121, 122
Seriennummerndefinition	122
Seriennummerndialog	122
Server-Setup	20
Setup-Skript	15
Sicherheit	261
Sicherheitsregeln	268
Skonto	70
SKU	108
SOAP	13
Sprachdatei	26
Spracheinstellung	58
Stammdatenverwaltung	10
Standardeinheit	102
Standardpreis	113, 129
Stapelverarbeitungsfunktion	165
Steuer	65, 73, 129
Steueraufwand	139
Steuerbefreiung	138
Steuerdaten	63
Steuerforderungen	139
Steuerindikator	138
Steuerkategorie	105, 136
Steuern anlegen	134
Steuern zuweisen	134
Steuereinstellung	134
Steuerverbindlichkeiten	139
Strichcode	108
Stücklisteneintrag	185
Stücklistenfunktion	109
Suchfunktion	48
Super User	37, 52
Supply-Chain-Management	11
Support-Anfrage	239, 242
Swift-Code	208
Systemadministrator	37, 52
Systemeinstellungen	38
Systemkonfiguration	57

Index

Tabellenzugriff 266
Tastenkombination 49
Tenant 37
Tenant-Einstellungen 43
Termindaten 175
Ticket-System 240
Transaktion 115
Transaktionsdatum 216
Transfermenge 182

UAC 24
Umsatz 189
Umsatzrealisierung 75
Umsatzsteuer-ID 79
Umsatzvolumen 80
Unit of Measure 45
Unternehmenseinheit 80
Unternehmensstruktur 46
UOM-Einstellungen 45
User-Level 53

Variablen setzen 41
Verkauf 10
Verkäufe einrichten 191
Verkäufe verwalten 189
Verkäufer 63
Verkaufsauftrag 189
Verkaufsfunktion 189

Versandbeleg 163
Vertreter 55
Vertreterinformationen 92
Vertreterprovision 192
Vertrieb 203
Vertriebsbeauftragter 83
Vertriebsgebiet 191
Visa 211
Vorkasse 196
Vorsteuerkonto 139

Währung 174
Warenbestand 152
Warenbewegung 181
Wareneingang verbuchen 152
Wareneingangsbestätigung 166
Warenlieferungen 199
Webshop 174, 245, 257
Wert-abhängiger Workflow 41
Windows 22
Workflow-Editor 42
Workflow-Funktion 40
Workflow-Management 11
Workflow-Modell 41
Workflow-Regeln 41
Workflow-Typen 41
Workflow-Vorlage 43

X12 102	Zahlungskonditionen 202
	Zahlungsmethode 70, 147
Zahlungen 207	Zahlungsmittel 207
Zahlungsbedingung 65, 70, 82	Zahlungsmodalität 147
Zahlungsdokument 209	Zahlungsprozessor 210
Zahlungseingang 215	Zahlungsziel 65
Zahlungseingang verbuchen 215	Zugriffsrecht 45, 53
Zahlungserinnerung 217	Zustellmethode 82
Zahlungs-Gateway 211	

Weitere Bücher aus dem bomots-Verlag

Linux User und Linux intern empfehlen:
Webmin kompakt
Webmin ist der Klassiker unter den Administrationswerkzeugen für Linux-Systeme. In der stark erweiterten Neuauflage unseres Klassikers zeigen wir Ihnen, wie Sie mit Webmin 1.3.x arbeiten.

Umfang: 423 Seiten
Preis: 24,80 EUR
ISBN: 978-3-939316-10-7

T3N und Linux Magazin empfehlen:

Guerilla-Marketing mit Open-Source-Tools

Unternehmen mit kleinen Budgets müssen Wege suchen, wie sie durch geschicktes Agieren Neukunden, Multiplikatoren etc. für sich gewinnen. In diesem Buch werden die wichtigsten Ansätze und deren praktische Umsetzung beschrieben.

Umfang: 260 Seiten
Preis: 19,80 EUR
ISBN: 978-3-939316-29-9

Weitere Bücher aus dem bomots-Verlag

Buchtipp aus Linux-User, entwickler-Magazin und T3N-Magazin:

IPCop kompakt

Das Administrator- und Anwenderhandbuch

IPCop-Guru Marco Sondermann lässt Sie an seiner jahrelangen Erfahrung teilhaben und verrät Ihnen, wie Sie IPCop professionell nutzen.

Umfang: 340 Seiten
Preis: 24,80 EUR
ISBN: 978-3-939316-41-1

iX empfiehlt:

XAMPP kompakt

(2., akt. u. erw. Auflage)

Mithilfe von XAMPP lässt sich mit minimalem Aufwand eine Apache-MySQL-Perl-PHP-Umgebung aufsetzen. Unser aktualisiertes und erweitertes Anwenderhandbuch zeigt, was Sie dafür wissen sollten.

Umfang: 250 Seiten
Preis: 19,80 EUR
ISBN: 978-3-939316-35-0

Handling und Funkempfang empfehlen:

Audacity kompakt

Audacity ist ein professioneller Audioeditor, mit dem Sie beispielsweise beliebig viele Spuren mischen und bearbeiten oder Ihre Schallplatten digitalisieren können. Das Buch ist mit Unterstützung eines Core-Entwicklers entstanden.

Umfang: 140 Seiten
Preis: 16,80 EUR
ISBN: 978-3-939316-23-7

www.bomots.de

iX empfiehlt:

Compiere kompakt

Compiere gilt als die beste CRM- und ERP-Software der Open-Source-Gemeinde. Sie deckt alle Anforderungen von kleinen und mittleren Betrieben ab. Doch in der Praxis erweist sich Compiere als schwer zu handhaben. Unser Handbuch ebnet Ihnen den erfolgreichen Einstieg.

Umfang: 260 Seiten
Preis: 19,80 EUR
ISBN: 978-3-939316-11-4

ct- und Mac Life-Buchtipp:

Inkscape kompakt (Neuauflage)

Inkscape ist ein sensationelles freies Vektorgrafikprogramm für Mac, Linux und Windows. In der Neuauflage von „Inkscape kompakt" führt der Autor Sie praxisbezogen in alle wichtigen Aktionen ein. Auch erweiterte Themen wie der Import und Export sowie der Umgang mit dem XML-Editor haben ihren Platz.

Umfang: 180 Seiten
Preis: 16,80 EUR
ISBN: 978-3-939316-45-9

IT-Mittelstand empfiehlt:

Magento kompakt

Magento ist der neue Stern unter den E-Commerce-Lösungen. Endlich gibt es eine komfortable Shop-Lösung, die eine hohe Skalierbarkeit aufweist und sogar Marketingfunktionen integriert. Das notwendige Know-how für den erfolgreichen Einstieg liefert unser Handbuch "Magento kompakt".

Umfang: 280 Seiten
Preis: 19,80 EUR
ISBN: 978-3-939316-56-5

Weitere Bücher aus dem bomots-Verlag

Pro-Linux-, ix- und Linux-Enterprise-Buchtipp:

phpMyAdmin kompakt

(2., akt. und erweiterte Auflage)

phpMyAdmin ist das wichtigste Hilfsmittel für die Administration von MySQL-Servern. Unser Buch zeigt, wie Sie typische Aufgaben im Datenbankalltag bewältigen, Daten und Strukturen erzeugen, Inhalte importieren und exportieren, MySQL-Server verwalten und vieles mehr.

Umfang: 200 Seiten
Preis: 19,80 EUR
ISBN: 978-3-939316-43-5

Reelbox kompakt

Die Reelbox ist die Nummer eins unter den Linux-basierten Festplatten-Receivern. Aber das All-in-one-Mediacenter hat noch mehr zu bieten. Wie Sie das System ausreizen, erfahren Sie in unserem Handbuch, das in Zusammenarbeit mit dem Hersteller entstanden ist.

Umfang: ca. 250 Seiten
Preis: ca. 24,80 EUR
ISBN: 978-3-939316-63-3
erscheint ca. 2. Quartal 2010

OpenVAS kompakt

Der Nessus-Fork OpenVAS schickt sich an, seinem Vorläufer funktional und technologisch in den Schatten zu stellen. In diesem Einstieg erfahren Sie, wie Sie erste Hürden beim Umgang mit dem freien Security Scanner nehmen. Das Buch entsteht mit Unterstützung führender OpenVAS-Entwickler. Mit einem Vorwort des BSI.

Umfang: ca. 200 Seiten
Preis: ca. 19,80 EUR
ISBN: 978-3-939316-73-2
erscheint ca. 2. Quartal 2010